JN316348

オバマ
＋
コノリー

BARACK OBAMA
＋
GERRY CONNOLLY

VS

TEA PARTY

ティーパーティー

海野素央

同友館

はしがき

オバマ草の根運動に参加して、今年で4年目を迎える。08年の大統領選挙では、研究者の立場でオバマ候補（当時）の草の根運動に加わり、ワシントンに隣接するバージニア州北部において1186軒の戸別訪問を行った。そこでは、筆者とは文化的背景が全く異なる有権者を対象にヒアリング調査を実施し、一次データを収集した。オバマ氏の選挙事務所においては、白人、ヒスパニック系（中南米系）、アフリカ系、アジア系といった文化的多様性に富んだ草の根運動員と関係を築いた。さらに、事務所の幹部が運動員の多様性をどのように活用して、票の獲得につなげているかを直に観察することができた。

2年間の在外研究を終えて帰国するとすぐに、学生へ向けてこの体験をもとに講義した。米国で初のアフリカ系大統領を誕生させ、米国社会に変革をもたらすために、若者層が大学を休学してまで選挙活動に入っていたことを語った。筆者の担当する「異文化理解とコミュニケーション」と「異文化ビジネス概論」を受講している約1000名の学生に、講義の感想を書いてもらったところ、どの学生もこれらの事実に少なからぬ衝撃を受けていた。彼等は、オバマ草の根運動に参加した同年代の米国人と自分を比較し、政治に対する熱意や選挙に対するコミットメント（関与）の差を強く感じていた。

ただ、1年生の女子学生の中には、鳩山由紀夫首相（当時）のために、休学をして単位をとらずにボランティアになる気持ちはさらさらないと、率直に感想を述べた学生もいた。彼女は、日本の社会は変わらないと確信していたようである。

10年の中間選挙では、ジェリー・コノリー連邦下院議員（民主党・バージニア州第11選挙区）とオバマ大統領の両方の草の根運動に入り、08年と同地域に焦点を当て、552軒の有権者の家のドアを叩いた。オバマ大統領に対する有権者の意識の変化を調査し、2年前と比較するためである。

本書は、これらの異文化フィールドワークを通じて得た調査結果をベースにしている。戸別訪問や集会での有権者の声、オバマ大統領の草の根運動の組織「オーガナイジング・フォー・アメリカ（OFA）」でのボランティア活動、反オバマ色の強い保守派のティーパーティー（茶会）主催の2日間にわたるセミナーでの体験、ティーパーティーに支援された候補者と戦ったコノリー下院議員の草の根運動への参加、オバマ政権下で一段と進む米国社会の分断を憂慮する草の根運動員の活動の話等が含まれている。

オバマ大統領とコノリー下院議員の草の根運動に実際に参加し、内から見た米中間選挙について、異文化的視点を加えて書いた点に本書の特徴がある。若者層に焦点を当て、08と10年のオバマ草の根運動を比較し分析を行った。また、オバマ草の根運動の性質の変化についても述べた。

前回の中間選挙で話題を呼んだティーパーティー運動に関しては、規模、組織構造、性質、求心力、コミュニケーションスタイルの面から、オバマ草の根運動と比べ整理した。そうすることにより、両者の相違が明確になるからである。オバマ大統領と同じ与党民主党のコノリー下院議員、彼のスタッフ並びに草の根運動員の選挙期間中の心理状態にも言及した。これらも、本書の特徴として挙げることができるだろう。

さらに、本書は単なる選挙報告に留まらず、草の根運動を通して内から観察した米国社会における分断と対立について述べている。その例として、ニューヨーク市の世界貿易センタービル跡地(グラウンド・ゼロ)の近くに建設予定であるイスラムセンターの問題を取り上げた。

12年のオバマ再選の選挙においても、調査の一環として大統領とコノリー下院議員の両方の草の根運動に参加する予定である。その目的は、第1に、08年と12年のオバマ草の根運動を比較し分析を行うことである。第2に、コノリー下院議員の選挙区における有権者の意識の変化について調査を実施することである。第3に、草の根運動を通じて、分断された米国社会の変容を直に観察することである。これらの調査結果に関しても、機会を見つけて報告したい。

ヒアリングに応じてくれたコノリー連邦下院議員、イスラム系のキース・エリソン連邦下院議員(民主党・ミネソタ州第5選挙区)、ティーパーティー議員連盟のリーダーであるミシェル・バックマン連邦下院議員（共和党・ミネソタ州第6選挙区）のスタッフ、中東の衛星放送アルジャジーラのアブデラヒム・フカラワシントン支局長、ＯＦＡのスタッフと草の根運動員、ティーパーティーの各団体とコーヒーパーティーのそれぞれの幹部と活動家、多くのことを示唆してくれた方々に、心から感謝したい。

バックマン下院議員は、明治大学の学生に「日本から首都ワシントンにいらしてください。米国の政治システムに興味を持ってくれてありがとう」というメッセージを伝えるために、ビデオを作成してくれた。その中で、自らティーパーティーの特徴を学生に向けて説明をしてくれている。前期の授業の中で、このビデオを扱う予定である。バックマン下院議員には、深謝申し上げる。

最後に、今回の東日本大震災で犠牲になった皆様にご冥福をお祈りするとともに、被害を受けられた皆様に心からお見舞いを申し上げます。

２０１１年４月吉日

海野　素央

目次

第1章

若者層の不参加

メリーランド州ベセスダで開かれたオバマ草の根運動員による会議。筆者（左端）の後ろが 2008 年の米大統領選挙でフィールド・ディレクターとして活躍したバオ・ニュエン

草の根運動員から見たオバマ大統領の支持率低下の要因（09―10年）

11年に入り米国の失業率に改善の兆しが見え、オバマ大統領の支持率は一時50％台まで回復した。だが、大統領就任後から2年間の道のりは、オバマにとってかなり厳しいものであった。

米労働省労働統計局によれば、09年10月の失業率は10％台に突入し翌年からは9％台で推移した。経済状態の悪化は、オバマ大統領の支持率低下の主因だと言われた。確かに主因ではあるが、オバマ草の根運動員の視点から見ると、異なった要因も挙がってくる。それらは、組織のガバナンス（統治）の問題、政策の優先順位の間違い、有権者のニーズに対する理解不足、カリスマ性の低下である。以下で、それらの要因を説明しよう。

まず、オバマ草の根運動における組織のガバナンスの問題である。08年の大統領選挙後、オバマ草の根運動は「オーガナイジング・フォー・アメリカ（ＯＦＡ）」という組織に移行した。大統領選挙でオバマ陣営の選挙マネジャーを務めたデイビッド・プラウフ（現在大統領上級顧問）、本選挙でバージニア州のディレクターであったミッチ・スチュワート、スチュワートを支えるジャーミー・バード、民主党の予備選挙でスチュワートとともにアイオア州でクリントン候補（当時）の出鼻を挫いたヨハネス・アブラハム等が、この新組織の中心的な人物になっている。ＯＦＡのミッション（使命）は、オバマ大統領の政策を支持し、実現することである。

２年前の大統領選挙で、筆者と一緒に活動をした草の根運動員の仲間は、民主党支持者のみではなく、無党派層も参加していた。ところが、ＯＦＡを民主党全国委員会の傘下に入れたことにより、オバマ陣営は無党派層を失った。プラウフは、無党派層の20％は離れていくだろうと警告していた。バージニア州北部のフォールズ・チャーチにあったオバマ事務所の元スタッフからも同様の理由から、オバマ草の根運動を民主党本部の下に置いたのは失敗であったという声が上がった。無党派層のオバマ離れには、草の根運動員のガバナンスも一要因になっていた。

次に、政策の優先順位を間違えたことである。オバマ大統領は、医療保険制度改革を内政の最優先課題に位置づけた。ＯＦＡのメンバーの最大の関心事も、医療保険制度改革であった。だが、一般の有権者の意識は彼等とは異なっていたのである。ＯＦＡがメンバーを対象に実施した調査結果をみると、83％が医療保険制度改革に最大の関心を寄せている。彼等の雇用創出に対する関心は79％で、２位であった。一方、一般の有権者は雇用創出を最優先に掲げており、ＯＦＡのメンバーとは、意識の上でズレがあった。それにもかかわらず、オバマ大統領は、医療保険制度改革に焦点を当て、それに時間とエネルギーを割いた。10年1月の一般教書の中で、オバマ大統領は、やっと雇用創出が最優先課題であると宣言したが、有権者の支持を取り戻すにはもう遅かった。

さらに、第2の要因と関係するのだが、有権者の目線から離れたことである。2人のオバマ、すなわち、オバマ候補（当時）とオバマ大統領を比較してみよう。

民主党の予備選挙や本選挙でオバマ陣営は、ボランティアの草の根運動員を動員し、有権者の膨大な量の情報を収集して、選対本部に吸い上げた。そのようなシステムが構築されていたのである。オバマ候補は、有権者のニーズを正確に把握し、それをスピーチや対話の中で反映させることができた。それらは、有権者のニーズに一致しており、彼等の目線で語りかけていた。それが、オバマの強みであった。

ところが、大統領就任後、有権者の情報収集とニーズの把握に欠かせない草の根運動が機能しなくなった。なぜか。

2年前の大統領選挙では多くの若者層が、米国を変えるためにオバマに賭け、ボランティアとして草の根運動に参加した。そうした努力は実を結び、オバマが大統領に就任してから約1年半以上が経過した。だが、全国の失業率が9・6％（10年9月）であるのに対し、16—24歳の若者層の失業率はおよそ2倍の19・1％（同年7月）にまで跳ね上がってしまった。

このような状況の中、オバマ大統領がそれまで頼りにしてきた若者層は、職探しをしなければならず、ボアランティアとして草の根運動ができる時間並びに心の余裕をなくしてしまった。オバマ草の根運動は機動力を失い、その結果、情報収集力が低下したのである。同時に、オバマ大統領のスピーチも精彩を欠くようになった。

オバマ大統領のカリスマ性が低下したことも、支持率低下の要因である。カリスマ的リーダーの特徴には、人を魅了するパーソナリティを備えていることと、部下や有権者などのフォロワーのニーズを把握していることがある。オバマのカリスマ性には、彼の魅力的なパーソナリティがあるが、後者の要因も少なくなかった。フォロワーは、カリスマ的リーダーと自分を同一視する傾向がある。また、フォロワーは、リーダーが自分のニーズを満たしてくれるという期待を過度に持つ。「短期・結果」志向の強い米国人、特に無党派層の白人は、就任後、約2年が経過しても、十分な雇用の創出ができないオバマに見切りをつけて、彼から離れて行った。

08年に、筆者がバージニア州北部で戸別訪問を行った際、オバマ候補はカリスマ的リーダーであるという声を多くの支持者から聞いたが、10年の中間選挙ではそのような声は一切なかった。

オバマ草の根運動のロビイスト化

10年1月26日、オバマ大統領の医療保険制度改革の賛成派が、ワシントンのダウンタウンにあるファラガット広場で集会を開いた。彼等は、医療保険制度改革賛成の看板を持って、ホワイトハウスの近くにある米商工会議所へ向かって行進を始めた。米商工会議所は、経営側に保険料の負担を増すとの立場から、オバマの医療保険制度改革に反対の立場をとっていた。賛成派のデモ隊が商工会議所の入り口付近に到着すると、一人の女性が全体に向けて指示を出した。デモに参加しているオバマ草の根運動員に、看板を掲げながら入り口の前でグルグルと楕円形を描いて回るようにさせたのである。明らかに、彼女はデモのやり方を熟知していた。

別の女性が、マイクを持って叫んだ。

「何が欲しいの」

オバマ草の根運動員が即座に答えた。

「医療保険だ」

同じ女性が再び声を上げた。

「いつ欲しいの」

オバマ草の根運動員の声に力が入った。

「今だ」

バージニア州北部のフォールズ・チャーチにあったオバマ事務所で働いていた若者が、このデモ行進に加わっているのではないかと筆者は期待して参加した。しかし、そこには彼等の姿はなかった。これは、同年の中間選挙における若者層の不参加の前兆であった。

拙著『日本人だけが知らないアメリカがオバマを選んだ本当の理由 ── オバマ草の根運動』（同友館）の中で、オバマ事務所で筆者と共に仕事をした若者を紹介した。事務所のトップであったカイル・リーアマン（当時21）は大統領選挙中、ジョージワシントン大学を休学していた。選挙後にカイルは復学した。ボランティアの草の根運動員のまとめ役であるフィールド・コーディネーターのブリジット・ドネリー（当時19）も、休学して選挙活動をしていた。その後、彼女は、コロンビア大学の姉妹校のバーナード・カレッジに復学した。

フィールド・ディレクターの肩書を持っていたベトナム系のバオ・ニュエン（当時24）は、バージニア州北部に在住のアジア系アメリカ人と太平洋諸島出身者を対象にした戸別訪問の責任者だった。選挙が終わると、彼は就職活動を行ったが、職に就くことができず、結局、大学院に進んだ。現在は、ニューヨーク市にある視覚芸術を専門とする大学院の修士課程で学んでいる。筆者が彼の大学を訪ねると、米国で初のベトナム系連邦下院議員のガオ（共和党・ルイジアナ州）のドキュメンタリーフィルムを作成していた。（注1）彼等のような草の根運動員を組織化していくスキルを備えた若者層が、オバマ草の根運動から抜けた。そこが問題だった。

医療保険制度改革法についてオバマ大統領は、若者層を引きつけるために、26歳の誕生日を迎えるまで、両親の保険に加入できるようにすると約束した。だが、彼等の関心は低かった。10年3月15日、医療保険制度改革法の投票を控え、バージニア州フェアファクス郡にある民主党の事務所で、電話による支持要請が行われた。08年に経験したあの熱狂的な雰囲気をもう一度体験できると期待しながら、筆者は事務所に向かった。しかし、参加していたのは僅か5名のみで、その中に若者の姿はなかった。これも、同年の中間選挙において、若者が参加しないという兆しであった。

若者層の不参加は、オバマ草の根運動に空洞化を創った。誰かが、その穴を埋めなければならなかった。

その役割を果たしたのが、08年6月に結成された「今、アメリカに医療保険を」（ＨＣＡＮ）というロビー団体である。46州に１０００以上の組織を持つこの団体には、労働組合、消費者団体、人権擁護団体などが加盟している。中でも、ＵＳアクションと米サービス従業員国際労働組合（ＳＥＩＵ）は、リーダー的な存在である。

ワシントンのＫストリートに事務所をかまえるＵＳアクションを訪問し、ヒアリング調査を行った。そこで、あるスタッフがこう語った。

「ＯＦＡと連絡を密にして、医療保険制度改革法の成立を目指している」

ＵＳアクションは、医療保険制度改革法に関して、ＯＦＡと協力して議会に圧力をかけていた。医療保険制度改革賛成のデモは、一見、草の根運動のように見えるが、現実はロビイストに組織化されたものだった。ＵＳアクションのメンバーが、オバマ草の根運動員に指示を出し、デモを組織化して主導的な役割を果していた。オバマ大統領は、裏でロビイストに頼らざるを得なかった。それが現実だった。

オバマ草の根運動のロビイスト化に関するある出来事を紹介しよう。メリーランド州ベセスダにあるオバマ支持者の自宅で、医療保険制度改革についてミーティングが開かれたことがあった。そのとき、ＯＦＡのスタッフと運動員との間で、草の根の活動に関して見解が分かれた。医療保険改革制度法を成立させるために、連邦議員のワシントンや地元の事務所に電話をかけて、圧力をかけるようにと、あるスタッフが呼びかけた。その発言に対し、中高年の男性の運動員が「我々は草の根運動員であって、ロビイストではない」と反論した。しかも、彼は、「オバマ大統領のすべての政策を支持する必要はない。我々の政策を押し進めていくべきだ」と主張した。彼の目には、オバマ草の根運動の組織が、ロビイストの団体に映っていた。また、上からの指示で「やらされている」という意識がこの男性にはあった。本来あるべきはずのボトムアップの精神や自発性が弱くなり、トップダウン式で草の根運動が行われていた。この運動員の意見は、結局、受け入れられなかった。

その後、ＯＦＡはオバマ草の根運動員を使い、医療保険制度改革法が可決されるように、議会に働きかけさせた。投票前の10日間にＯＦＡのメンバーは、約50万回もの支持要請の電話を議員の事務所に入れ、約32万４０００通の手紙を議会に送った。明らかに、オバマ草の根運動の性質に変化が生じていた。

若者層の意識の変化

若者層の意識は、この2年間にどのように変わってしまったのだろうか。ＯＦＡの本部での活動を通じて得た彼等の声を紹介しながら、若者層の意識の変化について述べていこう。

中間選挙の投票日の１９０日前（10年4月27日）にＯＦＡは、インターネットを通じて全国の草の根運動員と会議を開いた。翌月の３日にも、ＯＦＡは「戦略計画会議」を開催した。これらの会議で、同年11月に行われる中間選挙では、08年の大統領選挙において初めて投票をした１５００万人の有権者をターゲットに戸別訪問や電話による支援要請を行うという戦略の説明が幹部からあった。筆者は、日本から両方の会議に参加した。その後、8月からワシントンにあるＯＦＡの本部で草の根運動員として本格的に活動した。活動内容は、ＯＦＡの本部から標的となっている１５００万人の有権者に電話を入れ、民主党系候補者に投票をするか否かを聞き出し、支持者を草の根運動にリクルートすることであった。

ところが、ＯＦＡから指示された州は、全州ではなくインディアナ州、ウィスコンシン州、オハイオ州、ペンシルバニア州、バージニア州の5州のみであった。オバマ大統領は、12年の再選の選挙を見据えて、最初からこの5州に絞っていた。中でも、オハイオ州とペンシルバニア州は、重点州の中の重点州であった。オバマは、オハイオ州を12回も訪問した。ペンシルバニア州では民主党の事務所の数は10から18へ、スタッフも48人から90人に増加された。

中間選挙の投票日の前日（11月1日）、すでに時遅しといった感があったが、約１００人の草の根運動員がＯＦＡの本部に集まった。だが、そこでも若者の姿は少なかった。

ＯＦＡは、ある決断をした。ウィスコンシン州とバージニア州を、コロラド州に入れ換えたのだ。その結果、インディアナ州、オハイオ州、コロラド州、ペンシルバニア州の４つのチームが構成された。筆者は、インディアナ州のチームに加わった。

コロラド州では、反オバマ色の強い保守派ティーパーティー（茶会）の団体の一つであるフリーダムワークスが支持したケン・バックと、民主党のマイケル・ベネットが激戦を繰り広げていた。それに対して、ウィスコンシン州では、同じくフリーダムワークスから支持を受けたロン・ジョンソンが、現職の民主党のラッセル・ファインゴールド連邦上院議員に対し、有利な選挙戦を戦っていた。バージニア州では、民主党のジェリー・コノリー連邦下院議員が、フリーダムワークスの支持を受けたキース・フィミアンに対し、僅かながらリードをしていた。しかし、同党の1年生議員トム・ペリエロ連邦下院議員は、かなり苦戦を強いられていた。そこでＯＦＡは、貴重な時間とエネルギーをコロラド州に費やすようにした。この判断は的中した。コロラド州において、ティーパーティー系のバック候補は、結局、民主党のベネットに敗れたのである。

筆者が担当した有権者のうち約65％が、18―29歳までの若者層だった。2年前の大統領選挙で、オバマを支持した層である。筆者は、彼等に電話を入れた。

「2008年の大統領選挙では、オバマに投票をしてくれて、ありがとう。ボランティアもしてくれてありがとう。今回の中間選挙でも、ボランティアをやってみないか」

筆者の問いかけに彼等は、こう答えた。

「ノー・サンキュー」

08年の大統領選挙では、一度たりとも耳にしたことが無かった若者層からの返事だった。

若者の声

オバマが大統領に就任してから約2年の間に、若者層の意識に何が起きたのだろうか。プリンストン・レビューは、ワシントンにあるアメリカン大学を、全米で最も政治に対して活動的な学生がいる大学に数えている。同大学の国際貢献学部の学生で、民主党本部でインターンシップ（就業体験）をしているフランク・ポウプに、若者層が08年と比較して、10年の中間選挙では熱狂しない理由を尋ねてみた。

「若者層の熱意の無さばかりが問題になっていますが、それは民主党支持者のすべての年代にわたっていえます。若者層は、オバマ大統領に対する期待値が高かったことに気づいて、現実的になったのです。議会が医療保険制度改革法に反対するので、法案を成立させるのに非常に時間がかかりました。変革がすぐには起こらないことが、若年層には分かったのです」

彼は、そう分析した。

ジョージワシントン大学の1年生で、同大学の民主党クラブのメンバーであるクリストファー・ギブラーにも、若者層の熱意の欠如について質問した。彼は、スポーツを比喩に使い、攻撃と守備の関係から説明した。

「2008年の選挙では、若者層はオバマを大統領にしようと、ボランティア活動をしました。あの時は、我々は攻撃する側にいたのです。しかし、2010年は、守る側にいます。守る側が熱狂的になるのは難しいです」

このような状況を深刻に受け止めたオバマ大統領は、遊説の度に、若者層に対して「無関心は誤りである」と述べた。無関心が理由で、議会を共和党に握られてしまえば、変革が後退してしまうと訴え、若者層の参加を促した。しかし、このような大統領の呼びかけにもかかわらず、前回の中間選挙では、2年前の大統領選挙と比較すると、投票に出向いた若者層は半分の9%だった。

若者層を対象とした「ロック・ザ・ボウト」の調査結果をみると、18―29歳までの若者層のうち、56%がオバマ大統領、46%が民主党、36%が共和党、28%がサラ・ペイリン元アラスカ州知事、25%がティーパーティーを、それぞれ支持している。オバマに対する若者層の気持ちは、完全には切れてはいない。さらに、同調査によると、83%の若者層が、自分たちが米国を変革できるパワーを持っていると信じている。余談になるが、日本ではどれだけの若者が、自分たちに日本を変革できるパワーがあると考えているのだろうか。これらの結果は、再選を目指すオバマ大統領にはプラス要因である。

若者層は、戻って来るのか。08年の大統領選挙を経験した、フィールド・コーディネーターのスキルを備えた若者層が、12年のオバマ再選の選挙に参加するのか。前回の中間選挙は、若者層が参加しないことには、オバマ草の根運動が全く機能しないことを証明した。現在、OFAは、この夏に行われるフィールド・オーガナイザー育成プログラムに参加する若者層を募集している。いずれにせよ、共和党の対立候補が誰であれ、オバマ大統領は、若者の力なしには再選を確実なものにはできないだろう。

（注）ガオは、10年の中間選挙で落選。

第2章

オバマ草の根運動の強みと弱み

2008年の米大統領選挙でオバマ草の根運動員に指示を出すカイル・リーアマン。運動員はカイルのカリスマ的リーダーシップに引きつけられた（バージニア州フォールズ・チャーチ）

オバマ草の根運動の武器

筆者は08年の米大統領選挙で、オバマ草の根運動に参加し、激戦州であったバージニア州北部において、1186軒の戸別訪問を行った。(注1) 10年の中間選挙においては、ジェリー・コノリー連邦下院議員（民主党・バージニア州第11選挙区）の草の根運動に入り、同地域に焦点を当て、552軒のドアを叩いた（図表1）。さらに、オバマ草の根運動の組織「オーガナイジング・フォー・アメリカ（ＯＦＡ）」の本部でボランティア活動に参加し、インディアナ州、ウィスコンシン州、オハイオ州、ペンシルバニア州、バージニア州の有権者859人に電話を入れた。（図表2）。

図表1　戸別訪問の軒数

日時	訪問軒数	回答	拒否
8月14日	29	4	0
8月15日	36	9	1
8月21日	23	3	0
8月22日	27	4	1
9月 4日	32	10	0
9月 5日	34	6	2
9月12日	39	6	0
9月18日	53	11	2
9月19日	33	7	4
10月 9日	46	5	3
10月30日	43	12	7
10月31日	46	18	4
11月 1日	69	38	6
11月 2日	42	5	0
合計	552	138	30

図表2　電話による支持要請の軒数

日時	対象となった州	軒数	回答	拒否
8月23日	ペンシルバニア	51	1	0
8月24日	インディアナ	52	1	0
8月25日	ペンシルバニア	78	1	4
8月26日	インディアナ	130	8	6
9月 1日	ペンシルバニア	15	1	1
9月 2日	バージニア	53	1	0
9月 7日	ペンシルバニア	37	0	1
9月 8日	ペンシルバニア	21	1	2
9月 9日	バージニア	44	7	0
9月12日	バージニア	10	0	0
9月13日	バージニア	35	0	0
9月16日	バージニア	45	4	3
9月20日	オハイオ	72	3	0
9月21日	ウィスコンシン	78	13	4
10月 8日	インディアナ	52	2	3
10月31日	ペンシルバニア	70	14	5
11月 1日	インディアナ	16	0	0
合計		859	57	29

図表3　草の根運動の活動内容

・戸別訪問

・有権者登録の依頼

・GOTV (Get Out The Vote)
　有権者に投票を促す活動

・電話による支持要請

以下、草の根運動について説明したうえで、オバマ草の根運動の強みについて述べてみよう。

草の根運動には、戸別訪問、電話による支持要請、有権者登録の依頼、有権者に投票へ出向くように促すGOTV (Get Out The Vote) と呼ばれる活動がある（図表3）。一般に、GOTVの活動は、投票日の1週間前から始まる。戸別訪問ではボランティアの草の根運動員が、標的になっている有権者の自宅を訪ね、ヒアリング調査を実施する。草の根運動員は、選挙区のすべての有権者の家を訪問するわけではない。オバマ大統領とコノリー下院議員の草の根運動員は、無党派層と民主党支持者の家を訪問した。

草の根運動員は、有権者に質問をして、彼等の意見を傾聴する。08年の大統領選挙における質問項目には、オバマ候補と民主党系の上下両院議員の候補に投票をするか、最も関心のある争点は何か、草の根運動員としてボランティア活動に参加したいか等が含まれていた。

草の根運動員は、戸別訪問をした有権者を5段階評価によって分類した。前回の大統領選挙を例にとってみよう。オバマ候補を強く支持している有権者は「1」、オバマ候補に傾いている有権者は「2」、決めかねている有権者は「3」、マケイン候補に傾いている有権者は「4」、マケイン候補を強く支持している有権者は「5」であった。10年の中間選挙において、コノリー陣営も、同様の評価方法を用いた。コノリー下院議員を強く支持している有権者は

「1」、コノリー下院議員に傾いている有権者は「2」、決めかねている有権者は「3」、共和党候補に傾いている有権者は「4」、共和党候補を強く支持している有権者は「5」であった。ただし、選挙の途中からＯＦＡの指示により、表記の仕方が変わり混乱を招いた。これについては、第４章で詳細に語ろう。

民主党全国委員会とＯＦＡは、戸別訪問の重要性を理解していた。彼等は、エール大学のアラン・ガーバーとドナルド・グリーンの研究を用いて、戸別訪問を実施する意義を説明した。08年の民主党大会では、アジア系の運動員を対象にして行われたシンポジウムの中で、民主党全国委員会のスタッフが２人の研究結果を引用して戸別訪問の効果性についてプレゼンテーションを行った。このスタッフによれば、１票を獲得するのに、郵送では３８９軒、電話による支持要請では４６０軒、戸別訪問では14軒のコンタクトが必要となる。つまり、戸別訪問が最も効果性が高い。ＯＦＡのスタッフも、前回の中間選挙においてガーバーとグリーンの論文を参考にしていた。ティーパーティー主催のセミナーにおいても、講師になったコンサルタントが２人の研究を使って、活動家に戸別訪問が票の獲得のカギになると述べていた。

筆者の経験によると、戸別訪問は不在者が多く、効率が悪い。しかし、回答率をみると、電話による支持要請が６・６％であったのに対して、戸別訪問は25％であった。傾聴とフェイス・トゥー・フェイスによる対話には、有権者を説得するパワーがあった。戸別訪問は、非効率的ではあるが、効果的だ。それを行うには、草の根運動員の人数の確保が不可欠であった。草の根運動に関する説明はこの程度に止めて置き、オバマ草の根運動の強みに移ろう。

第1の強みは、積極的傾聴である。議論によって有権者を説得するのではなく、積極的に傾聴をすることにより、相手との心理的距離を縮め、好意を抱いてもらう。それが、票の拡大につながる。08年の大統領選挙では、草の根運動員に指示を出すフィールド・コーディネーターは、「ヒラリー（クリントン）やマケインの支持者の意見に耳を傾けてください」と繰り返し語った。この積極的傾聴の手法は、評価の「3」の「決めかねている」有権者に有効であった。

オバマ草の根運動は、日本の選挙のように、深くお辞儀をして「是非、○○候補に投票をよろしくお願い致します」というような選挙方法とは全く異なっていた。運動員は、有権者の意見に耳を傾け、彼等にとって最も重要な争点を聞き出した。アンケート調査を通じて、有権者のニーズを把握していったのである。

第2の強みは、「誓約カード」である。評価の「1」と「2」の支持者に対して、オバマ草の根運動員は、誓約カードに氏名、住所、メールアドレス、携帯番号を記入してもらい、そのうえで、署名を依頼した。このカードには、「私は投票に行くことを誓います」と印刷されてあった。選挙中に、オバマ陣営が頻繁に使用する用語は、コミットメント（関与）だ。オバマ陣営は、支持者が投票に出向くようにコミットメントさせ、確実に票に結びつけるという戦略をとった。そうさせる狙いで作られたのが、この誓約カードであった。中間選挙の後半から、民主党系の候補者は、ＯＦＡの指示で誓約カードを導入した。

コノリー下院議員の草の根運動に参加した筆者は、特に「1」の支持者に誓約カードを記入してもらい、それを回収した。投票日が近づくと、草の根運動員が記入をしてくれた支持者にメールや電話を入れたり、再び、戸別訪問を実施して、投票に出向くように促した。

第3の強みは、訪問者リストである。オバマ草の根運動員は、戸別訪問をする度に、標的となっている有権者のリストを渡された。ＯＦＡにある「ターゲット・オペレーション・チーム」は、中間選挙が終盤に入ると、運動員が民主党系の候補者を「強く支持している」ないし民主党系の候補者に「傾いている」有権者の家のドアを叩くように、リストを作成した。つまり、評価の「1」と「2」の有権者に焦点を当てたのである。

筆者は一日の戸別訪問を終了すると、ＯＦＡのターゲット・オペレーション・チームを訪れた。そこで、「今日も民主党系の支持者の家のドアしか叩かなかった」と報告すると、ディレクターのダン・ワグナーとスタッフは、ガッツポーズをとって喜んだものだった。彼等は、正確に民主党の支持者を把握していた。過去には標的になっている訪問者のリストの中に、共和党支持者の家が混在していることがあった。前回の中間選挙では、たとえ民主党支持者の家のドアを叩いても、共和党系の議員やティーパーティー系の候補を支持すると語る有権者がいた。

第4の強みは、マニュアル化が進んでいることである。例えば、電話による支持要請を求める台本（スクリプト）には、電話での効果的なコミュニケーションの仕方が明記されている。戸別訪問の台本も毎回用意されてあった。

ＧＯＴＶの手法も優れていた。投票場所と時間を支持者に告げ、交通手段が必要か否かを確認した。必要な場合には、車の手配をした。

さらにＯＦＡは、これだけでは終わらせなかった。ＯＦＡのスタッフが、コノリー下院議員の選対本部に応援に来た。彼は、そこでコノリーの草の根運動員に投票に結びつけるコミュニケーションの手法を教育した。

「投票場所と時間を単に告げるだけでは、票になりません。『何時に投票に行きますか。午前ですか。午後ですか。それとも夕方ですか。仕事に行く前ですか、仕事が終わってからですか』。そこまで必ず尋ねてください」

投票に出向く時間を支持者自身に考えさせ、頭にインプットさせることがきわめて重要であると、ＯＦＡのこのスタッフは指導した。

第5の強みは、多様性戦略である。有権者に配付する資料は、ベトナム語、中国語、韓国語、スペイン語など多様な言語に翻訳されていた。事務所で働いている有給のスタッフや草の根運動員も人種や民族において、文化的多様性に富んでいた。オバマ陣営は、それを多いに活用した。第3章でも述べるが、ベトナム系の草の根運動員は、ベトナム系の有権者の家を訪問するというように、「文化を武器」にした戦略がとられていた。

オバマ草の根運動には、以上の強みがあった。その反面、前回の中間選挙では弱みが明らかになった。次にそれについて述べよう。

オバマ大統領と民主党全国委員会の危機意識

ＯＦＡの本部は、民主党全国委員会と同じ建物の中にあったので、委員会のスタッフとも接触できた。２年前と比べて、若者層が中間選挙に対して熱狂的にならないことを、彼等は深刻に受け止めていた。

米紙ワシントン・ポスト、カイザー・ファミリー財団とハーバード大学の合同世論調査（10年10月実施）によれば、選挙に「非常に熱狂的」と回答した有権者は、ティーパーティーが74％、共和党は57％、民主党は43％であった。

選挙結果を占ううえで、熱狂度は重要なバロメーターの一つであった。周知の通り、08年の大統領選挙では、オバマ陣営とマケイン陣営の熱狂度の差は、そのまま選挙結果に反映された。２年前にオバマを支持した若者層とティーパーティーの活動家の熱意の差は、大きかった。そこで、民主党全国委員会とＯＦＡは、何らかの対策をとらなければならなかった。

民主党全国委員会で、米国北東部を担当しているディレクターのジョー・モンタノは、08年の選挙でバージニア州北部のフォールズ・チャーチにあったオバマ事務所でスタッフとして働いていた。フィリピン系の彼は、笑顔を絶やさず、ユーモアに溢れた性格である。オバマと同じハワイ出身であった。ジョーは、筆者が客員研究員をしていたアメリカン大学の国際貢献学部の1年生18名が、インターンシップの説明会のために民主党全国委員会を訪問するので、一緒に参加しないかと言って誘ってくれた。ジョーともう一人の委員会の女性スタッフは、集まった学生を前に必死になり、インターンシップを通じて若者層を選挙に巻き込もうとした。彼女は、学生にインターンとしてではなく、スタッフとして扱いますと訴えた。雑用ではなく、意義のある仕事をやらせると約束したのである。日本人の学生ならば、この言葉を聞いた瞬間に厳しさを感じて気持ちが引いてしまい、逆効果になるかもしれない。そう思いながら、ジョーと女性スタッフの説得の仕方を観察していた。

民主党全国委員会は、本部に大学生を集め、彼等を引き付けるためにピザを用意して、そこでボランティアの勧誘を行っていた。部屋には、電話機が数十台置かれてあり、ボランティアを決めた学生が、即座に電話による支援要請ができる体制が整っていた。このように、民主党全国委員会は、あの手この手を使いながら、若者層を中間選挙に参加させ、熱意を高めようとしていた。

ＯＦＡの本部では、午後5時から電話によるアンケート調査が行われた。筆者は、10年8月23日から電話によるアンケート調査に加わった。驚いたことに、ボランティアのほとんどが、中高年であった。しかも、ボランティアの草根の運動員が、筆者を入れて２人だけという日もあった。９月20日の16名が最高だった。有権者に電話を入れているのは、どうみても

50代以上の中高年であり、オバマ草の根運動は「高齢化」が進んでいた。08年の大統領選挙とは、様変わりの光景であった。オバマ大統領は、若者層を動員できず、その結果、草の根運動のエンジンがかからない状態が続いていた。

そのような様子を、OFAの本部に行くたびに見ていた筆者は、ある日、フィールド・コーディネーターのクリス・ボーリングに尋ねてみた。

「我々（草の根運動員）が、全国の大学のキャンパスを訪問して、学生が選挙に参加するように呼びかけるのか」

クリスは、こう答えた。

「そうはならないと思うけど・・・」

クリスが答えたように、草の根運動員が全国の大学巡りをするようなことにはならなかった。では、誰が代わりに行ったのか――オバマ大統領自身だったのだ。オバマは、ウィスコンシン大学を皮切りに、全国を遊説して若者層に直接訴えた。民主党全国委員会のティム・

ケイン委員長（当時）もジョージワシントン大学などを訪れ、若者層に選挙に参加するように呼びかけた。

オバマ大統領は、選挙運動と票の双方において若者層に依存していた。そこが、08年の大統領選挙では強みに、逆に10年の中間選挙では弱みになって出たのだ。

以下、ヒアリング調査で得た結果に基づいて、オバマ離れをした元支持者と支持者の特徴をまとめてみよう。

元オバマ支持者の怒り

オバマ離れの有権者は、約2年が経っても変革をもたらすことができないオバマ大統領に失望していた。彼等の中には、「何も変わっていない」と言って筆者に怒りをぶつけてきた者がいた。変革どころか経済状況が悪化していると認識している者もいた。「私はティーパーティー（茶会）の支持者でない」と言いながら、ティーパーティーと同じ議論を展開する者がいた。さらに、オバマ大統領は、「一つのアメリカ」を約束したのにもかかわらず、彼こそが社会を分断しているのだと主張する者もいた。

総じて彼等は、期待と現実の間に大きなギャップが存在していると強く感じていた。また、オバマ政権を「大きな政府」路線として否定的に捉えていた。

まず、08年の大統領選挙でオバマ候補（当時）に投票したが、12年の再選の選挙ではしないと語った元オバマ支持者の一部の声を紹介しよう。

ステイーブ・サムラル（58）民主党支持者

彼の家を訪問した時、08年の大統領選挙で使用された民主党の正副大統領候補のオバマとバイデンを支持するステッカーが、車のバンパーに貼ってあるのをみつけた。オバマの支持者だと期待して、彼の家のドアを叩いた。だが、「民主党支持者」と自称した非白人男性のサムラルの言葉に衝撃を受けた。

「2年前の大統領選挙では、オバマに400ドルの個人献金をしました。しかし、もうしません」

不況のなかでオバマ政権が判断した金融機関救済のための公的資金投入についても、「経済状態の改善につながらなかった。（大手金融機関の）バンク・オブ・アメリカやシティ・バンクを助けただけだ」と興奮気味に不満を述べた。「次の選挙では、オバマに投票しない」と怒りをぶつけた。

マイケル・ジュニ（32）無党派層

無党派層の意識にも、変化が生じていた。中国系のジュニは、08年にオバマに投票をしたが、2年の間にオバマ離れをした無党派層の一人であった。

「オバマ大統領に失望したのは、景気回復策の財政支出の効果が出ていないためです。経済は、改善どころか悪化しました。私は、巨額な歳出をする『大きな政府』に反対です」

ジュニが抱いたのと同様の不満は、ほかにも多くの有権者から聞いた。

トーマス・ジャクソン（53）無党派層

白人男性のジャクソンは、オバマ支持者から、反オバマ色の強い保守派のティーパーティー運動の支持に転向した。

ジャクソンは、オバマ大統領が唱えた「一つのアメリカ」という言葉に魅力を感じていた。オバマが、異人種や異民族を融合し、人種間の軋轢を減らすだろうと期待をしていた。政治についても挙党体制で問題を解決してくれると願っていた。だが、オバマ政権の今、米国は超保守派とリベラル派の分裂が進んだと思えてならない。「オバマは、社会を一つにすると言いながら、実際は分断させています。彼のやり方は、効果的ではありません」とオバマ大統領を批判した。

「私は、小さな政府を支持しています。連邦政府ではなく、地方で税の使い道を決めるべきです。ロン・ポール（共和党・テキサス州）のような自由至上主義者を支持しています」

ジャクソンは、すっかりティーパーティーの支持者に変わっていた。

ノートン・コンプトン（56）無党派層

08年にオバマに投票をした無党派層のコンプトンは、ティーパーティーに共感を抱いていた。

「政府と議会は、機能していませんから、ティーパーティーは、怒る正当な理由があると思います。中間選挙後は、彼等は、もっとパワーを持つでしょう」

民主党支持者でありながら、中間選挙ではティーパーティーの候補に投票すると語った。

ヴィンセント・キャポレイル（48）民主党支持者

「私は、民主党支持者ですが、今回の選挙では、共和党候補者に投票をすることに決めました。私は、財政保守で、小さな政府に賛成しています。ティーパーティーと価値観を共有しています」

オバマ大統領は、一部の民主党支持者を、ティーパーティーに取られてしまっていた。

上でみたオバマ離れの元支持者と、ティーパーティーの活動家は、同じ事象を見ながらも、全く異なった解釈をしていた。オバマ離れの元支持者は、「社会が期待通りに変化していない」と捉えていたのに対して、ティーパーティーの活動家は「社会が悪い方向に変化している」とそれぞれ認識していた。オバマ大統領は、双方からの怒りの対象となり、その間に挟まれて10年の中間選挙を戦った。

戸別訪問をしている際、一部の無党派層に対してティーパーティーのメッセージが浸透しているのには驚いた。訪問した無党派層の意見が、ティーパーティーの主張と類似していたのだ。上で紹介したジュニのように、オバマ政権が「大きな政府」路線であることを痛烈に批判する何人もの無党派層に遭遇した。その度に、筆者は次のような質問を投げかけた。

「あなたは、ティーパーティーの支持者ですか」

質問をされた大抵の有権者は、即座に否定した。

「とんでもない。私は、彼等のような極端な立場はとっていません」

しかし、戸別訪問をした一部の無党派層には、確実にティーパーティーのメッセージが浸透していた。

ハリスによる世論調査によれば、対象となった有権者の8割が、自分はティーパーティーのメンバーではないと回答している。彼等は、ティーパーティーと自分を同一視されることを嫌うのだ。しかし、「あなたは、ティーパーティーを支持しますか、それとも反対しますか」と尋ねると、39％が支持、31％が不支持を表明し、双方の差が一気に縮まる。同様の傾向は、他の世論調査の結果にも現れていた。要するに、有権者は、自分をティーパーティーのメンバーであるとは見られたくないが、彼等の価値観に同意するところがあるのだ。それが、ティーパーティーの主張の中核をなしている「個人の自由」である。その価値観を否定する米国人は、まずいないといっても過言ではないだろう。

次に、オバマ離れが起きている中で、オバマ大統領を支持している有権者の声も紹介してみよう。

オバマ支持者の意識

オバマ大統領に失望し、怒りさえ感じている有権者がいる中で、2年後の再選の選挙においてもなお、彼に投票すると主張する支持者もいた。彼等には、オバマの医療保険制度改革やイラクからの撤退開始を評価しているという特徴があった。また、オバマ離れの有権者とは対照的に、期待と現実のギャップが小さいと認識していた。

さらに、前で紹介したオバマ離れの無党派層と異なり、長期的な目でオバマ大統領のパフォーマンスを評価しようとする者が多く、複数の支持者が「我慢」の必要性を強調した。中には、経済悪化は、ブッシュ前大統領の責任であると指摘する支持者もいた。彼等は、オバマ政権を「大きな政府」路線であるとは捉えていなかった。

以下で、これらの有権者の声をみてみよう。

ジャクウィンダー・シン(31)民主党支持者

インド系のシンは、08年、オバマに投票した。当時、29歳。オバマを支えた若者層の1人である。彼は、12年の再選の選挙において、オバマ大統領に投票をすることに決めていると主張した。

「オバマ政権が、『大きな政府』であるとは、考えていません。国民には、医療保険が必要なのです。歳出は当然です。26歳まで、親の保険に加入できるようになったことを評価しています」

リンゼイ・シュルツ（学生）無党派層

玄関のドアを叩くと、母親と娘が出てきた。

「リンゼイさんとお話をしたいのですが」

「ここにいるわよ」

母親は、筆者を歓迎しない表情を浮かべた。

「好きなことを話しなさい」

そう娘にそう言い残して、母親はその場を去った。

「もしかして、あなたのお母さんは共和党の支持者ですか」

筆者の質問に、リンゼイは気まずそうにこう言った。

「そうです。私も2008年の大統領選挙で、マケイン（候補）に投票しました。しかし、私は今はオバマ大統領を支持しています。経済状態は良くないですが、医療保険制度改革やイラクからの撤退開始を評価しています。アフガニスタンからも、来年（11年）には撤退してもらいたいです」

ジュリオ・カルデロン（27）民主党支持者

コノリーの選挙区であるフェアファックス郡スプリングフィールドは、東南アジア、アフリカ、中東からのイスラム系の移民が多い地域である。この地域でもヒアリング調査を行った。

「解決するべき問題が山積していますから、変革には時間がかかります。我慢が必要なのです」

オバマ大統領の支持者の中には、カルデロンのように「我慢」を強調し、彼に時間を与える必要性を訴える者が多かった。オバマ離れの元支持者が、短期志向で結果を求めたのに対し、オバマ支持者は、すべてのプロセス（過程）を見てから判断しようとしていた。両者の間には、「短期・結果志向」と「長期・過程志向」の相違が顕著に現れていた。

サンドラ・ラクロウワ（48）民主党支持者

「オバマは、素晴らしいです。アフガニスタンも経済も、すべてブッシュ（前大統領）からの遺産です」

もちろん、「負の遺産」という意味である。オバマ支持者の中には、ブッシュ前大統領をスケープゴート（身代わり）にする者がいた。

次章に移る前に、オバマ草の根運動の特徴を、スワット分析（強み・弱み・機会・脅威）を用いて整理してみよう（図表４）。

まず、オバマ草の根運動の「強み」は、組織化、積極的傾聴、文化的多様性、資料や戸別訪問のマニュアル化を挙げることができるだろう。それに対して、現在のオバマ草の根運動の「弱み」は、若者層の不参加と彼等の熱意の低さである。それに伴った機動力の低下も弱みになっている。

前でも述べたが、票の獲得の上では非効率的でありながら効果性の高い戸別訪問を行うには、運動員の数の確保が欠かせない。若者層の不参加や無党派層のオバマ離れに伴い、運動員の人数の減少は「脅威」になっている。その脅威を取り除くには、雇用環境の改善や若者層を標的にしたリクルート活動が急務になっている。オバマ草の根運動は、医療保険制度改革法のように、オバマ大統領の政策実現の「機会」を今後も増やしていくだろう。

次章では、オバマ草の根運動と比較しながら、ティーパーティー運動の特徴を明確

図表4 オバマ草の根運動の特徴

強み（Strength） ・組織化 ・積極的傾聴 ・文化的多様性 ・マニュアル化	弱み（Weakness） ・若者層の不参加 ・フィールド・コーディネーターのスキルを備えた若者のスタッフの減少 ・若者層の熱意の低下 ・機動力の低下
機会（Opportunity） ・オバマ大統領の政策の実現	脅威（Threat） ・草の根運動員の減少 ・無党派離れ

化していく。

（注１）　詳細は、拙著『日本人だけが知らないオバマを選んだ本当の理由――オバマ草の根運動』（２００９，同友館）参照のこと。

第3章

ティーパーティー（茶会）の実態

「パワーは政治家ではなく国民にある」と主張するティーパーティー・パトリオッツのシルビア・スミス。帽子にはティーパーティーのシンボルの「ガラガラ蛇」を、首には「リバティ（自由）」のシールを貼って集会に参加していた（ワシントン）

ティーパーティーは草の根運動か

ティーパーティーは、米国が英国の植民地であった1773年12月16日に発生したボストン茶会事件に由来する。英本国の不当な課税に反対した住民が、ボストン港に停泊中の東インド会社の船から342個の茶箱を海に投げ捨てた事件である。現在のティーパーティーは、反オバマ色の強い保守派の各団体の集まりであり、10年の米中間選挙において旋風を引き起こし、話題を呼んだ。しかし、ティーパーティーに対する評価は分かれるところである。

10年2月に実施されたラスムッセン世論調査によれば、48％の回答者が、ティーパーティー運動は草の根であると信じている。本当にティーパーティーは、純粋な草の根運動と言えるのだろうか。同調査の回答者には、ティーパーティーの実態についての十分な情報が提供されていなかったのではないだろうか。草の根運動とは本来、既成の政治組織主導のトップダウン型ではなく、コミュニティのメンバーから始まるボトムアップの政治活動である。

確かに、ティーパーティーの始まりは草の根運動であった。09年2月にシアトルで、ケリー・カレンダー（当時29歳）というメキシコ系の女性が、オバマ大統領の7870億ドルの景気刺激策に反対して抗議運動を起こしたのに端を発した。カレンダーは、デモ行進の手法を学び、地元の保守系のラジオ番組のホストと組んで、運動を広げて行った。しかし、その運動は、今やフリーダムワークスなどの全国規模のロビー団体にハイジャックされている。ティーパーティーに関して、何人の米国人が彼女の名前を挙げることができるだろうか。元アラスカ州知事で、08年の副大統領候補であったサラ・ペイリン、フォックス・ニュースやラジオ番組の司会者グレン・ベック、元下院院内総務ディック・アーミー、ティーパーティー議員連盟のリーダー、ミシェル・バックマン連邦下院議員（共和党・ミネソタ州）、自由至上主義者のロン・ポール連邦下院議員（共和党・テキサス州）とその息子のランド・ポール連邦上院議員（共和党・ケンタッキー州）やティーパーティーの間で人気の高いジム・デミント連邦上院議員（共和党・サウスカロライナ州）等が、ティーパーティーの顔となっている。

ティーパーティーが純粋な草の根運動か否かを問われたきっかけになったのは、全国規模の団体の1つであるティーパーティー・ネイションが、10年2月にテネシー州ナシュビルで開催した際に集めた549ドルの大会参加費であった。失業率の高い状況で、この額を支払うことができるのは、ある程度の経済的余裕のある有権者に限られていたからだ。それとは対照的に、筆者が参加した別のティーパーティーの団体フリーダムワークスが、同年9月にワシントンで主催したセミナーの参加費は、無料であった。おそらく、テネシー州での大会の批判を考慮に入れたのだろう。約30名の講師料やホテルの会場費などが、どこから捻出されているのか、筆者は疑問を持った。

米紙ワシントン・ポストの調査によれば、ティーパーティーの支持者のうち、7割が政治活動に参加をしていないと回答している。実際に活動をしているのは、残りの約3割である。その中には、オバマ大統領の「大きな政府」路線や「社会主義」志向に危機感を抱いて立ち上がった者もいる。この意味では、ティーパーティーは、草の根運動であるといえるだろう。

同調査において選挙活動に参加していると答えたティーパーティーの支持者のうち、70％が有権者に投票に出向くように促す活動、いわゆるGOTV（Get Out The Vote）に、54％が手紙や電子メールを送る作業に、45％が電話による支持要請に関与している。OFAとティーパーティーは、戸別訪問を実施し、電話による支持要請などの活動を行っている。それらの活動に関しては、両者は変わらない。しかし、ティーパーティーには、OFAにはない特徴があった。

第1に、ティーパーティーの全国団体の一つであるティーパーティー・エクスプレスは、PAC《パック》（政治活動委員会）を設置している。PACとは、利益団体や企業が議員に政治献金をするための組織であり、小口の個人献金が主体の草の根運動とはまったく異なる。

第2に、フリーダムワークスのマット・キベ社長は、ティーパーティーの活動家に自分の選挙区の議員に面会をとり、法案に関して影響を与えるように促している。その際、キベは、議員やスタッフと意見の一致をみなくても、無作法な言動は控えて、礼儀正しく且つ冷静な態度をとるように助言している。それらに加え、「議員の最大の関心事は、自分の職の確保であることを忘れないように」とアドバイスを行っている。これは、まさしくロビー活動と言う以外ない。

さらに、キベは、フリーダムワークスの傘下にある各州の団体が、資金集めのための活動やイベントを行う場合、その費用を支援すると述べている。彼は資金調達に関しても、献金を行う有権者は、イデオロギーに共感する者と争点の立場に賛同する者の2種があると指摘し、ティーパーティーの活動家を教育している。

フリーダムワークスは、反オバマの有権者を集め、そこにスタッフを送り込み、作成したパンフレットを彼等に配付した。また、フリーダムワークスは、資金提供を行い活動家に議会情報を与えた。つまり、人、モノ、金、情報といった資源の提供役であった。それが、ティーパーティーの実態であった。

アメリカンズ・フォー・プロスペリティも、同様の役割を果たしていた。同団体の政治担当ディレクターのジェームズ・ヴァルボは、筆者のインタビューの中で「議員から法案に関する情報を得て、それをティーパーティーの活動家に流すことが私の仕事です」と説明をした。ティーパーティーの情報提供者は、彼のようなロビイストであり、活動家と密接に関わっていた。

第3に、全国規模のティーパーティーの団体であるアメリカンズ・フォー・プロスペリティを資金面で支援しているのは、カンザス州の億万長者、チャールズ・コークとデイビッド・コークの兄弟なのである。石油業界で成功を収めた父親から遺産相続をしたコーク兄弟は、究極的な「小さな政府」論者であり、オバマ大統領とはまったく相入れない。オバマ大統領は、彼等の名前には言及しなかったが、アメリカンズ・フォー・プロスペリティの背後には、巨大なエネルギー企業が存在すると指摘した。

株式非公開のコーク・インダストリーズの献金先を調べてみると、トップ5（09―10年）に、デミント連邦上院議員と、ティーパーティーから支援を受けたマルコ・ルビオ候補（現在共和党、連邦上院議員・フロリダ州）が含まれている。ちなみに、デミント上院議員には2万2000ドル、ルビオ候補には2万1600ドルが献金されている。トップ5には入ってはいないが、第4章で述べるコノリー連邦下院議員の対立候補で、ティーパーティーから支援を受けたキース・フィミアン候補にも、コーク・インダストリーズは献金を行っている。特定の個人が豊富な資金力を使い、全国規模の団体を通じてティーパーティーの活動家を遠隔操作しているという構図が浮かび上がってくる。この点においても、ティーパーティーを草の根運動とは呼び難い。

オバマ草の根vsティーパーティー

ティーパーティーの特徴は、オバマ草の根運動と比較することで、より明確になってくる。そこで、規模、組織構造、性質、求心力、コミュニケーションスタイルにおいて双方を比較してみよう（図表１）。

まず、規模である。08年の大統領選挙終了後、オバマ陣営の保有する草の根運動の名簿には、１３００万人ものメンバーが登録されているといわれた。しかし、翌年09年になると、実際に活動をした運動員の数は、３１０万人といわれている。前で説明したように、ＯＦＡを民主党本部の傘下に設置したこと、草の根がロビイスト化したこと、オバマ大統領が短期間で変革を成し得なかったこと等により、草の根運動員の数は激減した。

図表１　オバマ草の根 vs ティーパーティー

	規模	組織構造	性質	求心力	コミュニケーションスタイル
オバマ草の根運動	310万人	・組織化 ・ピラミッド型	・文化的多様性 ・文化相対主義的態度 ・受容的態度 ・若者層（18―29歳）	・オバマに対するアイデンティティ（弱）	・積極的傾聴 ・感情移入
ティーパーティー運動	全国規模の団体と中小の団体 （例）アメリカンズ・フォー・プロスペリティ（150万人）	・分散自立型 ・放任型 ・緩い“組織” ・リーダー不在 ・フラット型	・文化的単一性 ・自文化中心主義的態度 ・排他的態度 ・中高年（45歳以上）	・反オバマ色（強） ・嫌悪感 ・恐怖心 ・危機感	・小さな政府、自由市場、個人の自由に焦点

一方、ティーパーティーはＯＦＡのように一団体ではなく、種々の規模の団体から構成されている。アメリカンズ・フォー・プロスペリティ、フリーダムワークス、ティーパーティー・エクスプレス、ティーパーティー・ネイション、ティーパーティー・パトリオッツ等の全国規模の団体と、中小の団体から構成されている。中小の団体は、全国規模の団体の傘下に入っているものと独立しているものの2種に分類されるのである。これらの団体の総称が、ティーパーティーである。米紙ワシントン・ポストの調査によれば、対象となった６４７のうち、３２５の団体が全国規模の団体と連携しており、２７２の団体は独自の活動を展開している。

アメリカンズ・フォー・プロスペリティが約１５０万人、フリーダムワークスが約１００万人、ティーパーティー・ネイションが3万人あまり、ティーパーティー・エクスプレスが約40万人の会員を抱えている。ティーパーティー・パトリオッツには約１５００万人の会員がおり、最大の全国組織である。全国規模の団体の数字を合計しただけでも、ティーパーティーの会員数は、オバマ草の根運動のそれをはるかに超えている。

次に、オバマ草の根運動とティーパーティーの組織構造について比べてみよう。2年前の大統領選挙では、オバマ陣営の幹部は、草の根運動員のモチベーションを低下させることなく、彼等を組織化することに見事に成功した。草の根運動を票に結びつけるために、運動員の自発性と組織化のバランスを図ったのである。オバマ大統領の政策を支援するＯＦＡは、全国に事務所を構えており、ピラミッド型の組織をしている。

それに対して、ティーパーティーは、全国規模から中小のものまで様々な組織が存在し、それらの団体間の連携が弱い。リーダー不在の分散型ないし放任型の「緩い組織」である。いわゆるこのフラット型組織が、ティーパーティーの個々の活動家に自律性とエネルギーを与えている。

彼等は、全国各地で集会を開いた。だが、筆者が参加したフリーダムワークス主催のセミナーで、講師のコンサルタントが指摘していたように、集会は同じ支持者が数回にわたって参加するので、票の拡大には繋がらない。コノリー下院議員のスタッフは、ティーパーティーがワシントンで集会を開く度に喜び、こう言ったものだった。


「ティーパーティーが集会を開いているうちに、我々は戸別訪問を行って票を獲得するんだ」


ティーパーティーは、集会ではなく組織化された戸別訪問が必要な段階に入っていた。

運動の性質はどうだろうか。性質においても、両者は対照的であった。オバマ草の根運動員は、白人、アフリカ系、ヒスパニック系（中南米系）、アジア系など人種や民族において文化的多様性に富んでいる。前回の大統領選挙では、バージニア州北部のフォールズ・チャーチにあったオバマ事務所には、ベトナム系、韓国系、フィリピン系、ヒスパニック系のスタッフが勤務していた。オバマ事務所は、戸別訪問においてこれらの文化的多様性の利点を活用し、文化特定的な戸別訪問を実施した。例えば、繰り返しになるが、ベトナム系の草の根運動員は、ベトナム系の有権者を訪問するというように、特定の人種・民族の運動員に同人種・民族の有権者を担当させたのである。

また、事務所では、自文化は多文化の中の一つにすぎないという文化相対主義の態度が観察された。資料やポスターが、ベトナム語、中国語、韓国語、タイ語、カンボジア語、ヒンドゥー語など多言語に翻訳されていたことによく表れている。オバマ草の根運動に入り4年目を迎えるが、文化的背景の異なるスタッフや運動員が、筆者を温かく受容してくれる態度に助けられている。

性質に関してもう一つ顕著な特徴を挙げてみよう。それは、オバマ草の根運動員が、18―29歳までの若者層が中心であるということだ。08年の大統領選挙では、オバマ陣営は若者層の動員に成功した。しかし、10年の中間選挙では、前章で述べた通り、若者層の不参加により、オバマ草の根運動員の「高齢化」が進んでいた。

一方、ティーパーティーの活動家は、白人が圧倒的に多い。米紙ニューヨークタイムズとCBSニュースによる共同世論調査によれば、アフリカ系はわずか1％にすぎない。ティーパーティーは、文化的単一性が高いので、オバマ草の根運動のように文化特定的な戸別訪問ができない。ティーパーティーの視点に立てば、非白人に嫌悪感を抱いている彼等にとっては、文化的多様性を用いた選挙戦略は必要がないのかもしれない。

さらに、筆者が接触したティーパーティーの活動家は、自分の価値観や信念、ものの見方が絶対であるという態度、すなわち、ティーパーティー自文化中心主義的な態度をとる傾向があった。彼等は、異なった意見や考え方に耳を傾けないで、排他的な態度をとり自論を繰り返した。例を挙げてみよう。

10年の３月に入り、医療保険制度改革法案の投票が近づくと、ティーパーティーは、ワシントンで大規模な集会を開いた。そこで、ニューハンプシャー州から３人の仲間とその集会に参加した初老のシルビア・スミス（白人）に出会った。彼女に参加目的を尋ねてみると、自信をみせながらこう語った。

「政府が、私たちの国を社会主義にしようとしているからです。政府の権限を制限して、国民がパワーと主権を取り戻すようにするためです。政府が権力を振るって、国民の生活をコントロールすることに、私は反対です。憲法に従えば、政府は国民に医療保険を強要できません」

シルビアはそう語ると、オバマ草の根運動員の合言葉である「ファイアード・アップ（熱くなっているか）」を使って自分たちのモチベーションの高さを表現した。

「私たちは、熱くなっているのよ」

連邦議会議事堂の周辺で、オリン・ハッチ連邦上院議員（共和党・ユタ州）を見つけると、彼女たちは彼に近づいて行った。ハッチは、即座にシルビアの看板を見て、ティーパーティーの活動家であると気づいた。

「私は、ティーパーティーを支持しています。あなたたちは、献身的な人たちです」

ハッチ上院議員は、こう言ってシルビアたちを勇気づけた。

その一言で一層勢いがついた彼女たちは、政府に対する抗議看板を持って、ジーン・シャヒーン連邦上院議員（民主党・ニューハンプシャー州）の事務所に乗り込んだ。もちろん、シルビアたちは、面会の予約を取っていなかった。事務所の入り口で、シャヒーン上院議員の複数のスタッフが対応をした。

「政府が納税者の金を使って、中絶の費用に充てるのには反対だ」

シルビアたちの主張はこうだった。

「それは事実ではありません」

シャヒーン事務所のスタッフは、シルビアたちが誤った情報をもとに判断していることに気づかせようとした。しかし、彼女たちは、それを意に介するようすもなく、自論を述べ続けた。

「医療保険に加入するかしないかは、個人の選択であるべきだ。政府は国民に医療保険を強要できない」

今度は、シルビアたちは、米憲法に基づく個人の選択の自由を強調しはじめた。

「シャヒーン上院議員は、全ての国民が医療保険に加入するべきであると感じています」

スタッフの一人がそう語った。

「それでは、私たちは選択の自由を失ってしまう」

シルビアは反論し、個人の自由の重要性を改めて訴えた。

平行線は続いた。シルビアたちは、一歩も譲ろうとしなかった。その間、シャヒーン上院議員のスタッフの意見をすべて否定しながら、感情的且つ攻撃的な態度で迫った。結局、彼女たちは、自分たちの主張を貫いて、次の議員の事務所に向かって行った。

シルビアのように、ティーパーティーは、中高年が中心的な役割を果たしている。米紙ニューヨークタイムズとCBSニュースの共同世論調査によれば、ティーパーティーの平均年齢は45歳である。ティーパーティーの活動家の年齢の高さに関するエピソードも紹介しよう。

4月15日は米国では税の日で、連邦税の納入期限となっている。ティーパーティーは、この日を選んで全米各地で抗議集会を開いた。10年の税の日に、ワシントン州スポカーンで開催された集会で、司会者が参加者にこう呼びかけた。

「これから投票権を持つ人は、よく調査を行ってから賢く投票をすることが重要です。17歳以下の人は、立ち上がってください」

米国では、18歳から有権者登録ができる。周りを見渡してみたが、オバマ草の根運動とは異なり、若者は見当たらなかった。賢明な投票を若者に促した司会者は、気まずそうな様子をしていた。

ギャラップの調査をみると、ティーパーティーの支持者の収入は55％が5万ドル以上で、平均的な米国人よりも高い。職についている割合は48％で、パートタイムを含めて55％である。筆者が参加したいずれの集会にも退職者が目に付いた。彼等は、経済的及び時間的余裕がある人たちであった。その反面、オバマ草の根運動に参加した若者層にとっては、職探しが最優先課題であり、彼等には1日8時間もボランティアとして働く余裕はなかった。前回の中間選挙では、この差が選挙運動に大きな影響を及ぼした。

求心力についてもみていこう。2年前と比較し、支持者のオバマ大統領に対する求心力は確実に下がった。08年に戸別訪問を行ったバージニア州北部のフェアファックス郡を再度訪ねた時、オバマ離れの有権者の声を聞いて衝撃を受けたことは、前で述べた。それとは対照的に、ティーパーティーの求心力は高く、無党派層にも拡大していた。

10年8月28日は、キング牧師の「私には夢がある」のスピーチがなされてから47周年目に当たる日であった。ワシントンのリンカーン記念堂の前で保守派のトーク番組の司会者グレン・ベックが集会を開いた。その集会に、オハイオ州から友人と一緒に参加したグロリア・ベアー（60）は、次のように語った。

「私は、無党派です。ティーパーティーのメンバーではありません。オバマの『大きな政府』に反対で、この集会に参加しました。ここにいる人達は、皆同じ気持ちです。オバマ大統領と共和党系の議員を追い出すことが目標なのです」

ティーパーティーは、標的にした現職の共和党系の議員を落選させようと予備選挙で刺客を送った。反現職と反オバマがティーパーティーの支持者の共通目標になっており、それが彼等の一体感を醸成していた。

フリーダムワークスの代表を務める元下院院内総務ディック・アーミーに、オバマ草の根運動とティーパーティーの相違点はどこにあるのか質問をしてみた。ロビイストでもあったアーミーは、次のように答えた。

「彼等（オバマ草の根運動員）は、マルクス主義を愛している。我々（ティーパーティー）は、国を愛している。彼等は、集団主義。我々は個人主義。この国では、集団主義は機能しない」

ティーパーティーは理論面において、米憲法で保障されている「個人の自由」や愛国心を強調して、オバマ大統領の「社会主義」と全面対決の姿勢を鮮明に打ち出した。これは、活動家の求心力に多大な影響を与えているだろう。

フリーダムワークスは、ある思想小説を使って反社会主義政策の運動を展開した。フリーダムワークスの本部を訪問すると、受け付けの横にあるテーブルの上には、社会主義政策に反対の立場をとったアイン・ランド（1905―82）の思想小説『肩をすくめるアトラス』が山積みになっていた。壁面には、彼女の写真が飾ってあった。フリーダムワークスはランドの小説を配布し、個人の自由と小さな政府を主張するリバタリアニズムの普及に努めた。フリーダムワークスのキベ社長は、インターネット上でティーパーティーの活動家に『肩をすくめるアトラス』のビデオを鑑賞するように呼びかけ、求心力を高めていった。

ティーパーティーの活動家の深層心理

図表2は、ティーパーティーの活動家の深層心理を「玉ねぎ型モデル」を用いて表したものである。玉ねぎの表層の部分は、財政保守・規律、「小さな政府」、規制緩和、減税、医療保険制度改革反対、反イスラム教、反移民といったスローガンになる。彼等は、これらを全面に出して、前回の中間選挙を戦った。ジョージ・W・ブッシュ元大統領の国務長官を務めたコリン・パウエルは、ある政治番組の中で、ティーパーティーはスローガンのみで、具体的な解決策がないと非難したが、中間選挙ではそれだけで十分であった。「短期・結果志向」の有権者は、約2年間で変革をもたらすことができなかったオバマ大統領に、失望し激怒していたからである。

玉ねぎの皮をもう一枚剥がしてみると、そこには米憲法や建国の父の精神があり、さらに一枚剥くと、それらに導かれた伝統的な価値観である、「個人の自由」や「独立独行」があった。「個人の自由」と「独立独行」は、米国人が最も重視する文化的価値観だ。アーミーが指摘していたように、ティーパーティーの活動家にとって、オバマ大統領はこれらの価値観を共有していない人物でしかないのである。10年の中間選挙において、ティーパーティーは、米国を代表するこれらの文化的価値観を用いて有権者を説得した。その戦略は、実に有効であった。というのは、米国人にとって、自分たちの核となる価値観（コア・バリュー）や精神を否定するのは困難であるからである。

ティーパーティーに共感する学生が若者の中にもいた。グレン・ベックの集会に参加したジョージワシントン大学の学生ジョン・パスクエル（21）である。

「オバマ政権は、個人の自由を奪おうとしています。個人ではなく、政府が決定を行おうとしているのです。ティーパーティーは、平均的な米国人の価値観に訴えているので、集会に参加すると、米国人としてのアイデンティティを持つことができるのです」

図表2　ティーパーティーの活動家の深層心理

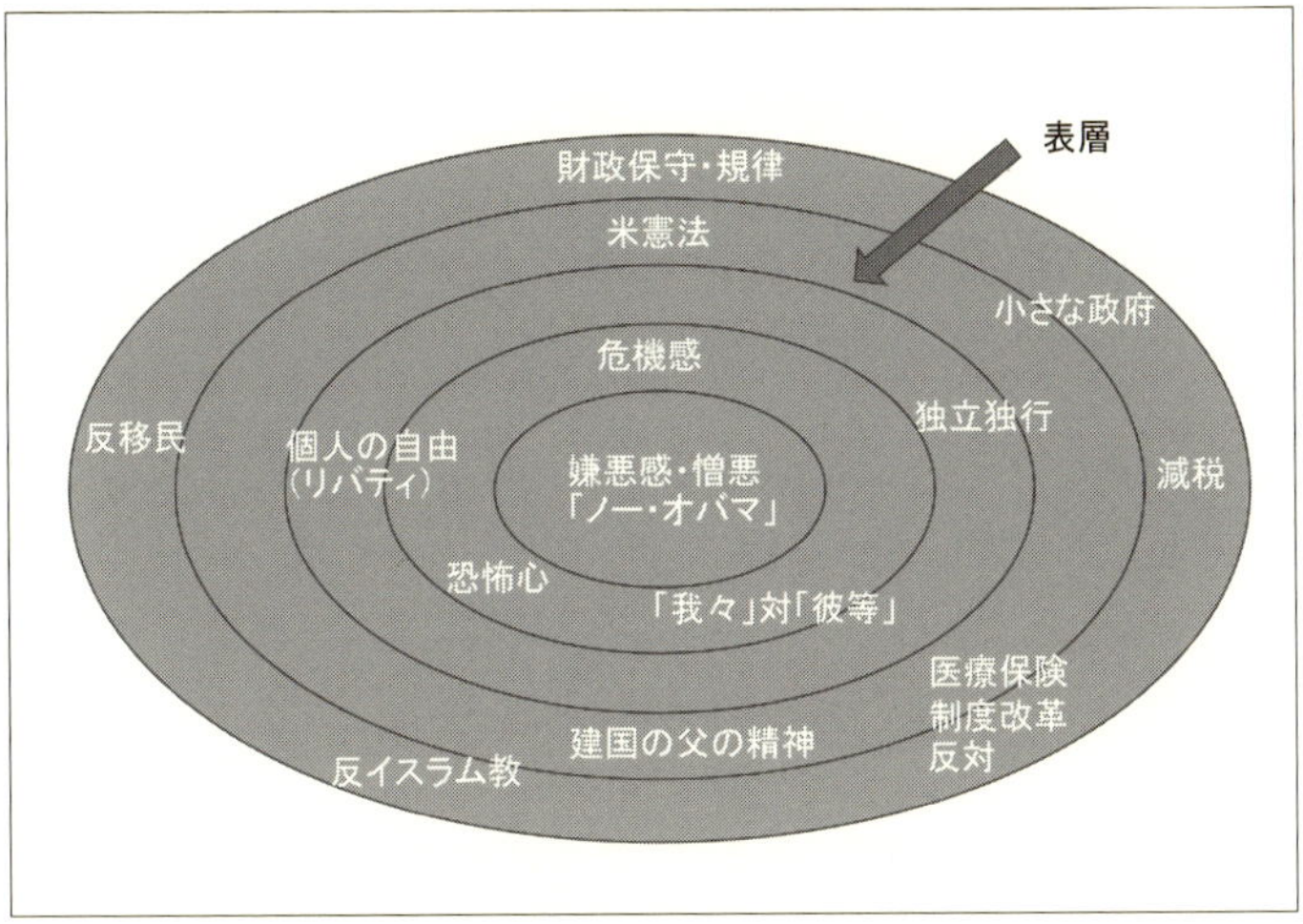

彼は、ティーパーティーの集会に参加する意義をこう語った。

さらに、もう一枚皮を剥がしてみよう。いよいよ彼等の核心に近づいてきた。ティーパーティーの活動家の視点から見ると、オバマ大統領の「大きな政府」路線によって個人の自由が踏みにじられていることになるのである。そのシンボルが、例の医療保険制度改革であった。

戸別訪問中に起きたあるエピソードを紹介しよう。

訪問者リストにあったルーク・ウォーノックという20歳の若者を訪ねると、父親（白人）が不快な表情を浮かべて出てきた。彼は「コノリー下院議員支持」と印刷された筆者のTシャツに、即座に気付いた。


「息子は、まだ未熟だからオバマを応援しているんだ。大人になれば保守になる」


こう言って、息子がオバマ大統領を支持していることに不満を述べた。

この父親と会話をしているうちに、彼がティーパーティーの支持者であることが分かった。

そこで次のような質問をしてみた。

「どうして、ティーパーティーにとって、憲法と個人の自由が重要なのですか」

父親は、質問を聞くと呆れた表情をした。もちろん、憲法と個人の自由が、ティーパーティーの主張の中核を成していることは把握していたが、筆者は、この父親の口から直接理由を聞き出したかった。

突然、彼が質問をしてきた。

「あなたは、移民だろう。韓国からの移民か」

思わず「日本からです」と答えてしまった。

「北朝鮮をみてみろ。大きな政府には、個人の自由がないだろ。キューバもそうだ」

非白人のオバマが、北朝鮮やキューバのように政府の役割を大きくして、個人の自由を奪っていると認識しており、この父親はそれに対して強い危機感を持っていた。個人の自由は、政府の肥大化を抑え、介入を最小限にした「小さな政府」の下でこそ機能する。彼は、このティーパーティーの基本的な考えを固く信じていた。
また、この父親は大きな政府と独裁者を重ね合わせることにより、恐怖心を抱いていた。これらの危機感や恐怖心が、彼がティーパーティー運動に参加する動機づけの中核を成していた。

ティーパーティーの活動家は、「我々」対「彼等」という意識が強く、自分が所属している内集団とそうではない外集団を明確に区別する。自分たちと同じ価値観を持たない外集団のメンバーに対して、彼等は敵対心や恐怖心を抱いた。

ティーパーティーの活動家の目には、オバマはマイナスの変革をもたらした大統領として映っていた。非白人のオバマが最高位の公職に就いたことは、彼等の地位の低下を示す象徴的な出来事であった。彼等は、そのオバマを決して許せなかった。ティーパーティーの活動家には、オバマに対する嫌悪感が根底にあった。12年の大統領選挙において、「オバマ降ろし」を共通目標にしている。これも、ティーパーティーの求心力を高めていた。

さて、コミュニケーションスタイルについては、筆者が参加したフリーダムワークス主催の2日間のセミナーでの体験を含めて、項を変えて述べる。

ティーパーティーのセミナーに参加して

戸別訪問の際に、オバマ草の根運動員は積極的傾聴や感情移入を重視する。前でも触れたが、08年の大統領選挙において、有給のフィールド・コーディネーターは、ボランティアの草の根運動員に「ヒラリー（クリントン）やマケインの支持者の意見に耳を傾けてください。彼等を会話に巻き込んでください」と繰り返し語った。シカゴのサウスサイドで、社会福祉活動家をしていたオバマは、地域住民のニーズの正確な把握の仕方に関して、傾聴と感情移入の重要性を学んだ。その手法を、選挙運動に応用したのである。

一方、ティーパーティーは、着々とオバマ草の根運動の手法を研究していた。それを明白に知ったのは、10年9月、ワシントンで開催されたフリーダムワークス主催の2日間のセミナーであった。1つのテーマの講義時間は、60分であったが、草の根運動の手法に関しては、3時間の講義が2回行われた。どのクラスも、筆者以外は白人で、居心地がきわめて悪かった。

驚いたことに、講師のコンサルタントが説明した草の根運動の手法は、オバマの草根の運動の手法に限りなく近い内容のものだった。配付された活動家のためのマニュアルには、有権者を説得するには、戸別訪問の際に「議論しないこと」と明記されてあった。第2章で説明したが、議論によって有権者を説得するのではなく、積極的な傾聴により、相手との心理的距離を縮め、好意を抱いてもらう。それが、票の拡大につながる。ティーパーティーは、オバマ草の根運動の効果に気づいていた。

米憲法に関するクラスでは、小冊子が配付された。別の講師がそれについて質問を出し、ティーパーティーの活動家が回答するという形式をとっていた。後に、ティーパーティーの活動家が戸別訪問を行うに当たって、米憲法の小冊子が有権者説得の武器として使われた。オバマ草の根運動では、米憲法の小冊子を配付していない。

オハイオ州におけるティーパーティーの飛躍には、コンサルタントの存在があった。彼の名前は、ピーター・ウォルフ。セミナーの講師の一人であった。中間選挙後、彼は個人的に筆者にメールをくれた。その中で、彼は、09年9月からオハイオ州に入り、州内を7000マイル（1万1263キロ）以上移動して、ティーパーティーの団体に戸別訪問の手法を指導していた事実を明かした。オハイオ州では、共和党は上院で勝利を収め、下院においては、フリーダムワークスが支持した候補者が、6人中4人当選した。知事選においても、現職を破る大躍進をした州である。彼が作成したマニュアルを分析してみると、ピーターがきめ細かな指導をティーパーティーの活動家にしていたことが窺われる。

まず、彼は、郡の選挙管理委員会から近隣の有権者の投票行動のデータをインターネットから入手して、訪問者リスト表を作成するようにティーパーティーの活動家を指導した。彼は、オハイオ州を例に挙げ、同州の88郡の中から自分が投票する選挙区の有権者のデータを抽出するように教育した。ちなみに、オハイオ州は無料で有権者の投票行動を入手できるが、バージニア州のように有料の州もある。

図表3は、ピーターが同セミナーで使用したオハイオ州のある選挙区における有権者の投票行動の一部である。個人のプライバシーを守るために、データは修正されていた。左から、有権者の名前、出生の年、支持政党、住所、選挙区のコード番号、投票行動の順に掲載されている。投票行動には、08年の予備選挙、本選挙並びに09年の予備選挙が含まれている。

上から2番目のジェフリー・アドレスパーガーは、1972年生まれ。「D」は、デモクラッツの略で民主党支持者。ティーパーティーの活動家にとっては、ここまでの情報で十分であった。というのは、この有権者は、民主党支持者なので、ティーパーティーの戸別訪問の標的にはならないからである。逆に、アドレスパーガーは、若者層と民主党支持者を狙うオバマ草の根運

図表3　有権者の投票行動の例

Last Name	First name	Year of Birth	Party Affiliation	Residental Address	Residental City	Residental State	Precint Code	Primary 03/04/08	General 11/04/08	Primary 05/05/09
Addlesperger	Teresa	1989		500 N Mckenzie St	Mount Vernon	OH	42AAK			
Addlesperger	Jeffrey	1972	D	500 W Woodside Dr	Gambier	OH	42AAX	D	X	X
Addlesperger	Amber	1971	D	500 W Woodside Dr	Gambier	OH	42AAX	D	X	X
Arbert	Bryan	1940	R	500 N Main St	Mount Vernon	OH	42AAG	R	X	X
Albert	Marc	1971		500 Rose Ave	Mount Vernon	OH	42AAM		X	

【出典】THE VOICE SO FAMERICA.ORG

動のターゲットになる。住所は、オハイオ州ガンビア市５００ウエスト・ウッドサイド・ドライブ。選挙区のコード番号は、４２ＡＡＸ。08年３月４日に実施された予備選挙では、民主党に登録。08年11月４日の本選挙と09年５月５日の予備選挙で投票を行っている。

上から４番目のブライアン・アルバートは、１９４０年生まれ。共和党支持者。彼のような高齢者の共和党支持者は、ティーパーティーの標的である。住所は、オハイオ州マウント・バーノン市５００北メイン・ストリート。選挙区のコード番号は、４２ＡＡＧ。08年３月４日に実施された予備選挙では、共和党に登録。それ以後は、２回投票に出向いている。

08年の大統領選挙において、筆者は、戸別訪問をしたある有権者に「前回の選挙で、民主党系の議員に投票しましたね」と話したところ、彼は「どうしてプライベートなことを知っているんだ」と驚いた。オバマ陣営も、有権者の投票行動を調査していたからである。

ピーターは、投票に行く頻度と支持政党の組み合わせにより、有権者を点数化し、戸別訪問をする優先順位を決めるようにティーパーティーの活動家に指示を出した。例えば、彼が最も重視した有権者は、過去3回の本選挙において3回投票に出向いている無党派層である。そのような有権者に、10点を付けた。２番目に、優先順位の高い有権者は、過去３回の本選挙で、２回投票に行った無党派層で、９点をつけた。３番目は、過去３回の本選挙で、１回票を投じた無党派層で、８点を与えた。上位3位は、すべて無党派層で占められていた。続いて、共和党寄りの無党派層を、本選挙に出向いた回数を基準に7点と6点に分類した。

一方、本選挙の投票に出向く頻度の高い共和党支持者は優先順位が低く、5点と4点を与えた。3点以下は、民主党支持者で、彼等は戸別訪問の対象から外された。民主党支持のアドレスパーガーのような有権者である。

ピーターは、戸別訪問の手法についてもティーパーティーの活動家にきめ細かい教育を行った。例えば、戸別訪問の際は、子供を連れて行くと、有権者にドアを開けてもらえる可能性が高まると教えた。有権者との会話は、「小さな政府」「自由市場」「個人の自由」の3つに絞るように指示を出した。彼等のコミュニケーションは戦略的であり、無党派層に浸透していった。ピーターの戦略は、見事に当たったのである。

ティーパーティーは人種差別者か

米紙ワシントン・ポスト紙によれば、「医療保険制度改革法を葬れ」という看板を掲げて、ワシントンに集まったティーパーティーの活動家の中には、アフリカ系の連邦下院議員に向かって唾を吐いたり、彼を「ニグロ（黒人）」という人種差別用語を使って呼んだ者がいたという。このような〝事件〟は、筆者の周りでも起こった。同じ集会にオバマのトレードマークが印刷された野球帽をかぶって参加したジョージタウン大学の学生（非白人）が、ティーパーティーの支持者から胸を押され、突き飛ばされた。彼は、筆者にこう語った。

「彼等の態度は暴力的だ」

ワシントンで開催されるティーパーティーの集会で、よく見かける中高年の白人男性がいる。彼は、大リーグのワシントンナショナルズの野球帽をかぶり、オバマ人形を持参する。10年9月にフリーダムワークスがワシントンで集会を開いた時、米国社会は、ニューヨークの世界貿易センタービル跡地の近くに建設予定のイスラムセンターの問題で揺れていた。イスラム教徒には建設する権利があるとオバマ大統領は言い、支持を表明した。

この白人の男性は、その機会を逃さなかった。イスラム教徒の格好をしたオバマ人形に「宗教指導者オバマ」と書いた看板を吊るして、参加者に誇らしげに見せていた。父親がイスラム教徒でありイスラムのルーツはあるものの、オバマはキリスト教徒であった。

このオバマ人形を写真に撮り、前で紹介したティーパーティーの支持者のパスクエルに見せた。彼は、人種差別という言葉は使わなかったが、人形がオバマ大統領を尊重していない点は認めた。

ティーパーティーは、反ティーパーティーの有権者から人種差別者だと非難された。その影響からか、あるティーパーティーの集会では、人種差別的なメッセージが書かれた看板は排除された。

人種差別に関する筆者の質問に、ディック・アーミーは、「オバマ大統領の肌の色は関係ない」と否定した。筆者が集会でヒアリングをしたティーパーティーの支持者も、自分たちが人種差別者であるとレッテルを貼られていることに、強い不快感を示した。ワシントンで開催されたフリーダムワークスの集会に、ミネソタ州から参加したキム・マズレック（44）は、次のように語った。

「愛国心は、人種差別とは違います。私たちを人種差別者とレッテルを貼っていますが、愛国心に基づいて抗議をしているのです。白人か黒人かは問題ではありません」

ニュージャージー州から同集会に参加したビル・カーナック（66）は、人種差別の問題に関してこう主張した。

「我々を人種差別者だと言ってレッテルを貼るのは、反ティーパーティーの人たちの戦術なのです」

「社会主義は出て行け。11月2日（中間選挙の投票日）は、愛国者の日だ」と書いた看板を掲げて参加したティム・ジャニングス（61）は、ティーパーティー運動を正当化した。

「オバマ政権は、国民から税金をとって、それを浪費しているのです。働く意思のない人達にお金を与えているのです。我々の目的は、政府を変えることです。社会主義的な考え方をする議員に退場してもらい、政府を小さくするのです。人種差別の問題ではありません。問題は、大きな政府なのです」

サウスカロライナ州チャールストンでフリーダムワークスの活動に参加しているロバート・ストリート（50）は、電話インタビューの中で次のように語った。

「メディアが問題なのです。アリゾナ州で（ガブリエル）ギフォーズ連邦下院議員が撃たれた時、彼等はティーパーティーとこの事件を関連づけました。ティーパーティーの活動家は、暴力を振いません」

さらに、ストリートは、人種差別についてもコメントした。

「ティーパーティーは、人種差別者ではありません。私が現在住んでいるサウスカロライナ州第一選挙区をみてください。白人が多数派の選挙区です。しかし、アフリカ系のティム・スコットが下院に選出されています。ティーパーティーは、スコットを支持しているのです」

ストリートは、こう述べてティーパーティーに対する人種差別的な見方を否定した。

米同時多発テロが起こってから9周年に当たる10年9月11日、ニューヨーク市で行われたイスラムセンター建設賛成のデモ行進に、筆者は参加した。反対派のデモには、ティーパーティーの支持者が集まっていた。ニュージャージー州ジャージー・シティーに本部を置く「ジャージー・ショアー・ティーパーティー」の副会長を務めるマーク・ファルゾン（56）に、ティーパーティーと人種差別の関係について質問をしてみた。この団体は、全国規模のティーパーティー・パトリオッツの傘下にある。

「私たちは、人種差別者ではありません。4人のイスラム教徒を私たちのミーティングに招きました。彼等は、（世界貿易センタービル跡地の近くに）モスクを建設することに賛成です。私たちは、この問題について、冷静に議論をしました。誰も大声を上げたりしませんでした」

同じ建設反対の集会に、オハイオ州からティーパーティー支持のTシャツを着て参加していた、白人のサラ・エルキンス（67）にも同様の質問をしてみた。

「ティーパーティーは人種差別者だと言われていますが、どのように思いますか」

彼女は、筆者を凝視するとこう言い放った。

「（ティーパーティーには）イエロー（黄色人種）だっているわよ」

アジア系という言葉を用いずに、彼女は「イエロー」を使った。その言葉の選択、トーン（声の調子）や表情に差別を感じた。

第1章で、スワット分析を使ってオバマ草の根運動を整理した。そこで、ここでも同じ分析方法を用いてティーパーティーの特徴も整理してみよう（図表4）。

まず、ティーパーティーの「強み」は、米憲法と個人の自由という価値観を全面に出す戦略だろう。それに加え、資金力とメッセー

図表4　ティーパーティーの特徴

強み（Strength） ・自由 ・米憲法 ・資金力 ・メッセージ力	弱み（Weakness） ・連携の薄さ ・文化的単一性 ・自文化中心主義 ・スローガンのみ
機会（Opportunity） ・小さな政府の実現 ・連邦議会 / 地方議会での影響力の強化 ・「オバマ降ろし」	脅威（Threat） ・失業率の低下 ・経済の回復 ・怒りの低下

ジ力も強みになっている。その一方で、団体間の連携の無さが「弱み」である。活動家の人種並びに民族における文化的単一性や、自分たちの価値観及び信念が絶対であるという態度も弱みである。今後はスローガンのみで、具体的な解決策が欠如している点も、弱みになっていくだろう。

ティーパーティーにとって、「脅威」は何か。雇用創出により失業率が回復し、人々の怒りが低下する。それによって、有権者のティーパーティーに対する関心が下がり、存在意義が薄れてしまうことである。それは、ティーパーティーの存続を脅かすだろう。現在、ティーパーティーは、中間選挙で同系の議員を連邦議会や地方議会に送り影響力を強め、「小さな政府」実現の「機会」を探っている。さらに、12年の大統領選挙で、「オバマ降ろし」をする機会を狙っている。

以上、ティーパーティーの特徴について述べてみた。では、オバマ支持者は、ティーパーティーをどのように観察しているのだろうか。

オバマ支持者が観察するティーパーティー像

10年10月30日、２人のコメディアンが呼びかけて、リベラル派がワシントンで大規模な集会を開いた。その集会にフロリダ州タンパから参加した白人の親子に、ティーパーティーについてヒアリングを行ったので、紹介しよう。

母親のジニー・ヒルバーン（66）は、「ティーパーティーは、人々に恐怖心を与えています。彼等は、オバマ大統領がイスラム教徒であり、イスラムは米国を乗っ取ろうとしていると言うのです。オバマには米国で生まれた出生証明書がないという噂を流して、国民を混乱させているのです」と語った。

娘のグレニス・ヌーネン（44）もティーパーティーが国民の恐怖心を煽る戦術をとっていると指摘した。そのうえで、「ティーパーティーは、単に、憲法や建国の父の精神を利用しているだけです。彼等は、オバマ大統領を社会主義者と言いますが、高齢者向けの医療保険や社会保障制度は、社会主義です」とティーパーティーに反論した。米国社会には、高齢者や低所得者向けの公的医療保険が存在する。それを「社会主義的だ」とヌーネンは言うのだ。オバマの支持者の中には、ヌーネンと同感の者が少なくない。

白人中心のティーパーティーの心理状態についても、同じく白人であるヌーネンはコメントしてくれた。

「アフリカ系が本当に大統領になるなんて、彼等は予期もしていなかったんです。ところが、実際に、アフリカ系が最高の地位についてしまったのです。彼等はそれに不安や恐怖心を持っているのです」

そのように観察しているヌーネンは、逆にティーパーティーに対して、恐怖心を抱いていた。

「外部から多くのティーパーティーの活動家が小さな町に入ってきて、選挙運動を行うのです」

そのようなティーパーティーの活動家が、彼女には「侵略者」のように見えていた。

以下は、戸別訪問で得たティーパーティーに関するオバマ支持者の声である。

キャセリン・ウッド（79）

「ティーパーティーの言動には、肯定と否定の双方の面があります。前者は、憲法と自由を強調している点です。後者は、オバマを米国人でないとか、イスラム教徒であると主張している点です」

さらに、ウッドは、人種差別に関してこう語った。

「ティーパーティーの支持者は、人種差別者です。オバマがニグロであるのを嫌っているのです」

79歳のウッドは、アフリカ系アメリカ人という用語を使用せずに、「ニグロ（黒人）」という差別用語を使った。ウッドのような白人のオバマ支持者から、戸別訪問中にティーパーティーが、アフリカ系のオバマ大統領に対して嫌悪感を持っているという意見を多く聞いた。

バリー・ジャコブソン（71）

ティーパーティーがオバマ政権を社会主義だと批判している点についてジャコブソンは、

「彼等の中にも高齢者向けの医療保険や社会保障制度の恩恵を受けている人がいるはずです」

と指摘し、「これらは社会主義です」と議論した。前で紹介したヌーネンと全く同じ議論だった。

ティーパーティーが、オバマ政権を「大きな政府」路線と呼んでいる点に関しても、彼はこう反論した。

「国内では、食中毒による事故が多いのです。食中毒が出ないように、誰がコントロールするのですか。それは、政府の役割です」

ジャコブソンは、米憲法についても語った。

「先日、女性のティーパーティーの支持者と会いました。彼女は、憲法の小冊子を取り出して、議論をしていました。しかし、彼女は、憲法の中に女性の参政権がなかったことに気づいていませんでした。彼女は、投票できなかったのです」

デボン・メリット（44）も憲法の下で、女性は投票ができなかったと語り、ティーパーティーの活動を次のように表現した。

「(ティーパーティーの活動は）人種を絡めて人々に恐怖心を与えるプロパガンダです」

アフリカ系のクレイグ・コールドウェル（47）は、ティーパーティーを「非白人に対する嫌悪感を広めるプロパガンダマシーン」と呼び、「国民に恐怖心と混乱を与えているので、それを止めなければなりません」と強い口調で語った。

デボラ・ビリングス（47）も、同様の意見を持っていた。

「私は、普段、中間選挙には投票に行きません。しかし、明日（10年11月2日）は、狂気に満ちた人たち（ティーパーティーの活動家）の運動を止めるために、投票に出かけます」

以上、オバマの支持者が観察するティーパーティー像を紹介した。彼等は、ティーパーティーが憲法や個人の自由という価値観を利用していると捉えていた。国民に恐怖心や混乱を与えているというのが、彼等の共通認識であった。しかも、彼等が人種差別者であるという意見は、多数のオバマ支持者から聞くことができた。

中間選挙の結果に対するティーパーティーの反応と選挙後の動向

中間選挙の投票日の翌日（10年11月3日）、ティーパーティーの団体の一つであるアメリカンズ・フォー・プロスペリティの政府担当のディレクター、ジェームズ・ヴァルボを訪ねた。中間選挙の結果と今後のティーパーティーの運動について、彼は次のように語った。

「選挙の結果に、興奮しています。今まで、ティーパーティーの活動家は、オバマ政権に対して不満を述べ、集会を開いて来ました。それらは、必ずしも票にはつながりません。昨日、彼等は投票に出向いたのです。アクションを起こしたのです」

10年の中間選挙において、全国規模の団体間の連携が弱いと指摘する声が上がった。それに関して、ヴァルボは、次のようなコメントをした。

「各団体が同じ目標を掲げているので、必ずしも協力する必要はありません。同じ目標とは、減税、小さな政府、規制反対です。温室効果ガス排出量取引制度は反ビジネスなので、どの団体も反対しています」

中間選挙では、ティーパーティーが、共和党にエネルギーを与えたのは確かだ。ヴァルボは、その共和党との関係について、以下のようにみていた。

「ベーナー院内総務（現在下院議長）とカンター下院議員（現在下院院内総務）は、ティーパーティーのメンバーではありません。共和党は今後、ティーパーティーの意見に耳を傾けるでしょう。共和党とティーパーティーは、どこかで妥協する必要があります」

ヴァルボは、アフガン戦争を巡って共和党との間に衝突が生じるだろうと言った。

「ティーパーティーは、アフガニスタンから撤退の立場をとっています。戦費削減は、究極的な『小さな政府』の原理に立っているのです。一方、共和党は、強い軍事を支持しています。ここで、両者の間に衝突が起きるでしょう」

これまで繰り返し述べてきたが、「小さな政府」は、ティーパーティーの基本的な考え方であった。彼はそれを強調した。

「エネルギー省や運輸省は、規制を押しつけて、人々をコントロールしているのです。しかし、本来ならば、人々が政府をコントロールするべきなのです。政府は、小さければ小さいほど良いのです。これが我々の原則です」

そのうえで、彼は、今後のティーパーティーの運動について、段階別に説明した。

「第1段階は、ティーパーティーの活動家が不満を述べ、怒りを表したことです。第2段階は、彼等が、各地で集会を開催したことです。そして、第3段階は、彼等が投票に出向いたことです。次の段階は、どのようにして、『小さな政府』を実現するかです」

同じ日に、ティーパーティーの全国規模の団体であるフリーダムワークスのニューメディア・ディレクター、タビサ・ヘイルにもヒアリングを行った。共和党との関係について、彼女はアメリカンズ・フォー・プロスペリティのヴァルボとは異なった見解を示した。

「中間選挙後の目標は、共和党を乗っ取ることです。共和党には妥協しません」

政策については、彼女は次のように語った。

「医療保険制度改革法と温室効果ガス排出取引制度を葬ることです。フリーダムワークスは、アフガニスタン問題などの外交政策には、関与しません。経済問題と政府の役割に焦点を当てます」

ティーパーティーの団体の中で、共和党に対する対応の仕方やアフガン戦争に対する関与について、温度差があった。

下院では、10年7月21日に、ティーパーティー議員連盟が発足した。そのリーダーを務めるミシェル・バックマン（共和党・ミネソタ州）連邦下院議員のスタッフで立法作成のディレクター、ポール・ブロチャーにも、中間選挙の結果についてヒアリングを行った。

まず、彼は「ネバダ州でリード（上院院内総務）が勝ったことにショックを受けています。それ以外は、満足しています」と語った。そのうえで、「現在、52名の下院議員がティーパーティー議員連盟に所属しています。選挙後は、メンバーが増えるでしょう」と述べ、勢力が拡大していくことに自信を見せた。バックマン事務所によれば、11年3月31日現在、59名が下院のティーパーティー議員連盟に所属している。一方、上院では、ランド・ポール（共和党・ケンタッキー州）、マイク・リー（共和党・ユタ州）、ジム・デミント（共和党・サウスカロライナ州）、ジェリー・モラン（共和党・カンザス州）の4名が、ティーパーティー議員連盟に属している。

さて、選挙後の動向について、米紙ワシントン・ポスト電子版は、中間選挙で得た勢いを維持するために、ティーパーティーは、12年の大統領選挙と上下両院選挙を視野に入れて、11年に実施されるバージニア州の州選挙に焦点を当てたと報じている。バージニアティーパーティー同盟と呼ばれるPACは、増税や銃の規制に賛成票を投じた共和党系の議員と、州の民主党系の議員を活動の標的にしている。全国規模のフリーダムワークスは、12年の選挙で激戦州と予想されるオハイオ州、コロラド州、フロリダ州、ペンシルベニア州で組織の拡大を図っている。

オハイオ州でティーパーティーの活動家の指導に当たったピーター・ウォルフは、上の4州を含めた13州のティーパーティーの幹部を対象に、10年の中間選挙の結果について調査を実施した。それによれば、選挙で最も影響力のあった項目に、幹部は戸別訪問を挙げている。オバマ草の根運動の手法を徹底的に研究した成果であったのだろう。これまでに何度も語ってきたが、戸別訪問は、不在者が多く非効率的ではあるが、最も効果的である。ティーパーティーの活動家も、中間選挙でそれを証明した。

同調査の結果で意外だったのは、投票に出向くように促す活動（ＧＯＴＶ）において、ボランティアの数が足りず、うまく機能しなかったと、幹部が回答している点である。ティーパーティーも選挙直前は、ボランティア不足の問題を抱えていたのだ。今後の課題として、ティーパーティーの各団体が、組織をまたがって横断的に協力し、コミュニケーションを図ることを挙げている。12年の大統領選挙において、ティーパーティーは、「オバマ降ろし」を実現するために、活動家一人ひとりの自主性や自律性を尊重し維持しながらも、団体間の連携を深めてオバマ草の根運動に対抗してくるのだろう。

次章では、ジェリー・コノリー連邦下院議員（民主党・バージニア州第11選挙区）とフリーダムワークスから支援を受けたキース・フィミアン候補の激戦を事例として取り挙げ、草の根運動の視点から分析していきたい。

第4章

ジェリー・コノリー連邦下院議員（民主党・バージニア州第11選挙区）の苦闘

ジェリー・コノリー連邦下院議員の選対本部で行われた集会で、運動員のモチベーションを高める同議員（右）と筆者（バージニア州フェアファックス郡）

コノリーへの接触

「オバマ、ワーナー、コノリー」「オバマ、ワーナー、コノリー」「オバマ、ワーナー、コノリー」

08年7月4日の独立記念日、首都ワシントンに隣接するバージニア州北部のフェアファックス郡で、オバマ候補（当時）のスタッフと草の根運動員が、3人の候補者の名前を結び付けて連呼し、パレードに参加した。ワーナーはバージニア州の連邦上院議員候補、コノリーは同州第11選挙区の連邦下院議員候補で、2人ともオバマと同じ民主党であった。オバマ草の根運動員として筆者は、このパレードで仲間と一緒に行進をした。パレードには、ワーナーが参加したが、オバマとコノリーの両候補は姿を見せなかった。コノリーは、共和党支配が続いた選挙区に終止符を打ち、連邦下院議員になった。

彼を意識するようになったのは、それから約1年半後に下院監視・政府改革委員会で開催されたトヨタ公聴会であった。周知の通り、この公聴会で豊田章男社長が証言を行った。マーシー・カプター連邦下院議員（民主党・オハイオ州）やジャッキー・スパイアー連邦下院議員（民主党・カリフォルニア州）など、感情的になって議論をする議員がいた中で、冷静に事実関係を追って行く議員がいた。それが、コノリーだった。

「アクセルの問題についていつ知りましたか」

「ＮＨＴＳＡ（高速道路安全局）がトヨタを訪問した時期とミーティングの内容について知っていましたか」

コノリーは、疑問点を問いただしていった。豊田社長の真後ろで傍聴していた筆者は、コノリー下院議員の質問に対して答えにくそうな表情を浮かべている社長を想像していた。

「ですから、いつからという質問に対しては、昨年（09年）末ということだと思います」と、豊田社長は証言した。さらに、「主管部署である品質管理部門の者が、ＮＨＴＳＡに会ったとは知っていますが、内容については把握していません」と豊田社長は答弁した。

「ＯＫ、ハイ」

コノリー下院議員は、英語と日本語で返事をした。しかし、彼の腑に落ちない表情は、決して「分かりました」ということを意味してはいなかった。そこに、「ＯＫ、ハイ」という言葉と、表情やトーン（声の調子）といった非言語コミュニケーションの不一致が観察できた。そこで、コノリー下院議員に豊田社長の印象や公聴会の成否等についてヒアリングを実施することを決めた。

コノリーは、下院外交委員会の委員でもあった。彼は以前、上院外交委員会の委員長であったジョー・バイデン（現在副大統領）の下でスタッフをしていた。その関係で、中間選挙の前日、セカンドレディーのジル・バイデンが、コノリーの選対本部で開かれた集会に応援に駆け付け、「ジェリーは、夫を助けてくれました」と言い、支持を訴えた。トヨタ公聴会から数週間後に、下院外交委員会で公聴会が開催された。そこでコノリーが投票を終えて、離席した瞬間、傍聴席から声をかけた。

「コノリー下院議員、コノリー下院議員、コノリー下院議員」

残念ながら筆者の声は、他の議員や傍聴人の雑談を交わす声に、もみ消されてしまい、彼には届かなかった。しかし、筆者の姿を見た外交委員会のスタッフらしき人物が、コノリーを呼び止めてくれた。

振り向いた彼に目線を合わせ、繰り返しお辞儀をした。確かに「ハイ」は日本語であった。

そのことから生じた行動であった。コノリーが傍聴席まで降りてきてくれた。そこで、08年の独立記念日の日に、彼の選挙区であるフェアファックス郡で行われたパレードに参加したことを告げ、トヨタ公聴会についてインタビューを申し込んだ。彼は、快諾してくれた。

本論に入って行く前に、コノリー下院議員と彼の選挙区について紹介しておこう。彼は、アイリッシュ系アメリカ人で、１９５０年にボストンで生まれた。根っからのボストンレッドソックスのファンである。08年のオバマ旋風によって当選し、下院の新人議員連盟の会長を務めた。ＮＨＫの「クローズアップ現代」(10年10月28日放送)は、それらの新人議員を「オバマチルドレン」と呼んだ。小泉チルドレンに慣れ親しんでいる日本人の視聴者には、実に理解しやすい表現である。だが、コノリーに限って言えば、彼は「チルドレン」とはほど遠いイメージを持っている。米紙ワシントン・ポストによれば、オバマ政権が内政の最重要課題に位置づけた医療保険制度改革法の投票を控えているため、インドネシアとオーストラリアへの歴訪は延長するべきであると、コノリーがオバマ大統領に提案をしたという。オバマ大統領が、財政赤字を減らすために中低所得層のみの恒久減税を求めていたのに対し、コノリーは富裕層から中低所得層も含めた減税継続の立場をとった。にもかかわらず、オバマ大統領は、10年の中間選挙において、コノリーの友人の家の裏庭で開かれた集会に駆け付け、コノリー支持を訴えた。

現在2期目のコノリー下院議員の選挙区のフェアファックス郡は、ワシントン近郊にある。今回の東日本大震災では、全米で最も優秀と言われるフェアファックス郡の都市災害救済チーム（ＵＳＡＲ）の75名が現地に入った。11年3月にコノリー下院議員を訪れた際、彼に都市災害救済チーム出動のお礼をした。

コノリーは、選挙区に関する新情報をくれた。彼によれば、自党に有利に選挙区を区割りするゲリマンダーにより、保守派の強いヘイ・マートと10年の中間選挙で敗れたスプリングフィールドの西部が選挙区でなくなった。

「移民の多いスプリングフィールドの東部を確保できた」

新しい選挙区に満足をしている様子だった。

彼の選対本部は、ワシントンから高速に乗れば、30分ぐらいで到着する距離にあった。国勢調査によると、世帯の平均収入は、全国が5万１４２５ドル（約４２２万円）であるのに対して、同郡は10万４２５９ドル（約８５５万円）であり、全米でも高収入の世帯が多い。大卒以上が58・４％で住民の教育レベルも高く、この数字は全国の27・５％と比べると、２倍以上である。同郡には、全米で名門中の名門トーマス・ジェファソン科学技術高校がある。

この公立高校には、外国語科目の中に日本語がある。選対本部で開いた集会の演説の冒頭で、コノリー下院議員は、応援に駆け付けた地元の有力者や運動員を前に、筆者を日本からの草の根運動員であると紹介したことがあった。筆者が日本人であると知った運動員のある夫婦が、子女が同校で日本語を学んでいると話しかけてきた。

フェアファックス郡は、移民の多い地域でもある。家庭で英語以外の言語を話す人口の割合は33・9％であり、全国の19・6％と比較すると高い。前の章で触れたが、同郡スプリングフィールドには、東南アジア等からのイスラム教徒の移民が多く住んでいる。選対本部のスタッフとスプリングフィールドを訪問した際に、彼は、コノリー下院議員がこの地域で勝利することが、選挙で勝つための絶対条件であると語っていた。コノリーは、移民票を頼りにしていた。彼の対立候補であるキース・フィミアンは、ティーパーティーから支援を受け、反移民と反イスラムの立場をとっていた。

フェアファックス郡の人種・民族の構成をみると、白人が66・7％、アフリカ系９・２％、ヒスパニック系（中南米系）14・０％、アジア系16・０％である。ちなみに、全国平均は白人が74・5％、アフリカ系12・４％、ヒスパニック系15・1％、アジア系４・４％なので、フェアファックス郡にはアジア系が全国平均の４倍弱いることになる。中間選挙が後半戦に入ると、同郡のベトナム系の有権者は、バージニア州北部の候補者を招き、討論会を開いた。コノリーとフィミアンの両氏はそこで、9・11の象徴となった世界貿易センタービル跡地の近くに建設予定の〝モスク〟（イスラム教礼拝堂）を巡って、激論を交わした。周知の通り、米同時多発テロ後の米国社会ではイスラム教徒に対する脅威が強まっている。

「異なった考え方や価値観を恐れてはいけない」

コノリー下院議員は、米国社会における多様性の重要性を理由に挙げてモスク建設に賛成した。一方、フィミアン候補は、私有地にモスクを建設するのは自由だが、犠牲者の気持を考えると賛成できないとバランスのとった発言をした。すかさず、コノリーが反論した。

「それは、政治家の回答だ」

コノリーは、強い信念を持っていた。しかし、中間選挙後、コノリーが中間選挙で大苦戦をした要因は、オバマ大統領の医療保険制度改革とモスク建設に賛成したからだと事務所のあるスタッフは、語った。選挙期間中、スタッフは、反イスラム教の有権者からの抗議電話の対応に追われていた。有権者の中には、コノリー議員を「ジハード（聖戦）・コノリー」

と呼び、イスラム教徒と彼を結び付けて批判する者もいたと言う。

フェアファックス郡は、経済面でも優等生であった。中間選挙の期間中、全国の失業率が約10％であったのに対して、同郡のそれは4・5％で低い。フォーチュン誌が選ぶ全米上位500社にリストされていているノースロップ・グラマン、マリオットホテル、SAIC、フォルクスワーゲン、ヒルトンホテルが同郡に本社を置いている。IT産業の進出も盛んな地域である。また、首都ワシントンの郊外にある同郡には、政府関係者が多い。

インタビューの中で、コノリー下院議員は、かつて、日本の自動車メーカーと都銀のコンサルタント業をしていたと語った。トヨタ公聴会に関するコノリーの感想について興味のある方は、拙著『トヨタ公聴会から学ぶ異文化コミュニケーション』（同友館）をご覧になっていただきたい。筆者が質問を終えるとコノリーは、以下の点について尋ねた。

1. 小沢（一郎）とはどのような人物なのか
2. 鳩山政権（当時）は、米国から離れて中国寄りになるのか
3. 日本の少子化対策は大丈夫か

コノリーは、日米関係にも興味を示していた。彼のスタッフが、筆者の意見をノートにとっ

ていた。15分のはずの面会は、すでに45分を経過していたが、コノリーは筆者の意見に耳を傾けてくれた。外では、次の来客が待っていた。それにもかかわらず、コノリーは、最後に「あなたと写真を撮りたい」とまで言ってくれた。

これがコノリーとの関係の始まりであった。

コノリー下院議員VSティーパーティー

前回の中間選挙において、コノリー下院議員とフリーダムワークスから強い支持を得た共和党系のフィミアン候補との戦いは、大接戦になった。選挙終盤に入りフィミアン候補は、07年にバージニア工科大学で起きた韓国人学生による銃乱射事件について触れ、学生たちが銃を所有していたならば、事件は発生しなかっただろうと失言をした。彼は、この発言は不適切であったと遺族に対して謝罪をした。コノリー陣営は、これが追い風になるのではないかと期待していた。ところが、11月2日の投票の結果、両候補者が49％を獲得したため、決着は付かなかった。コノリーのリードは僅か0・4％で、票にすると500票以下であった。

同日午後11時ごろになって、フェアファックス郡のホテルにある祝賀会場にコノリーは家族と共に現れた。そこで、彼は演説を行い、2期目に意欲を見せた。それを聞いた地元のABC、CBS、フォックス・ニュース等の記者は、一同に「まるで勝利宣言ではないか」と言って質問をした。これに対し、コノリーは、たとえうまく機能しなかった2つの機械の票を数えても、勝利は変わらないと自信を示した。

翌日、2つの投票機械に投じた有権者の票が加わった。コノリーのリードは981票まで広がったが、両者の差は1％以内であった。結果は、同月22日まで持ち越されることになった。前回の08年の選挙では、コノリーは、同じ相手のフィミアンと戦い、12ポイントも引き離し、55％対43％で勝利した。それが、2年の間にここまで差が縮まってしまったのである。投票日から数日後、筆者が連邦議会にあるコノリーの事務所を訪ねると、重い雰囲気が漂っていた。まるでお通夜のようだった。

「この階だけで民主党議員が、最低でも6人は敗れたの。泣いていたスタッフもいたわ」

コノリーの秘書のロンダ・ギリスがこう言って話しかけてきた。高い失業率の中で、敗れた現職議員のスタッフは職を失う。

では、フリーダムワークスから支援を得たフィミアン陣営は、どのような戦略をとったのか。

まず、テレビ広告のみならず、選挙看板においてもネガティブ・キャンペーンを展開した。ネガティブ・キャンペーンとは、誹謗中傷等を用いて、相手候補のイメージを大きく傷つけるための選挙戦略である。例えば、戸別訪問中、「コノリーは雇用を潰す」といった根拠のない否定的な内容の看板が、沿道に立ち並んでいるのを筆者は何度も観察した。08年の大統領選挙において、オバマ陣営は、このような相手を攻撃するような看板を使ったことはなかった。オバマの看板は、「変革」に代表されるようにあくまでも肯定的な内容であった。バージニア州北部においては、筆者の知る限り、マケイン陣営も、否定的な内容の看板は使用していなかった。

さらに、フィミアン陣営は、「関連づけ戦略」をとった。選挙では、不人気な人物と対立候補を結びつけて攻撃する。08年の大統領選挙で、オバマ陣営は、マケイン候補（当時）と不人気のブッシュ前大統領を結びつけて「2人は同じだ」と有権者に繰り返し訴えた。では、フィミアン陣営は、誰とコノリーとを関連づけたのか。

その人物は、人気が無いナンシー・ペロシ下院議長(当時)であった。フィミアン陣営は、「コノリーはペロシと同じだ」と印刷をした看板を作り、人目が付く場所に立てた。この看板は、フリーダムワークスのスタッフの部屋の窓ガラスに貼られてあった。フリーダムワークスは、かなりフィミアンに肩入れをしていた。彼は、ティーパーティーの力を借りて、それを武器にコノリーに襲いかかった。その結果、コノリーのアドバンテージであったフェアファックス郡の失業率4・5％は、またたく間に消えてしまった。

コノリー陣営の草の根運動

筆者は、コノリー陣営の草の根運動に参加したが、その手法に疑問を抱かざるを得ない場面が多々あった。オバマ草の根運動と比較してみると、コノリー陣営の草の根運動の特徴が見えてくる。第2章で触れたように、草の根運動員の持つ文化的多様性をオバマ陣営は重視したが、コノリー陣営にはそれがなかった。フェアファックス郡にはアジア系の有権者が多いことに着目したオバマ陣営は、政策をまとめた配付資料をベトナム語、中国語、韓国語、タイ語、カンボジア語、ヒンドゥー語に翻訳した。筆者は、これと同じ戦略をコノリー下院議員に直接提案した。彼は、それに同意した。しかし、若手の選挙スタッフは、それを取り入れなかった。

これに関連して、選挙スタッフの採用にも問題があった。一人のアフリカ系のスタッフを除くと、すべて白人のスタッフであった。それに反して、バージニア州北部のオバマ事務所が、文化的多様性に富んだスタッフを採用していたのとは対照的であった。

投票日の約1週間前に訪問する有権者についても疑問があった。08年の大統領選挙では、バージニア州北部のオバマ陣営は、選挙直前まで「気まぐれな」有権者を訪問した。気まぐれな有権者とは、必ず投票に出向くとは限らない有権者を示す。それに加えて、どちらの候補者に投票をするのか「決めかねている」有権者も訪問するように指示された。

投票日前の最後の週末は、コノリー下院議員を「強く支持している」と、彼に「傾いている」有権者に焦点を当てて、戸別訪問や電話による支持要請を行った。筆者が、「『決めかねている』有権者を訪問しないのか」とフィールド・コーディネーターのケイティ・ラフネインに尋ねたところ、彼女は「しない」ときっぱりと答えた。コノリー陣営は、明らかに守りに入っていた。これについては、賛否両論があると思うが、筆者は接戦であれば「気まぐれな」有権者や「決めかねている」有権者も含めて訪問するべきであるという立場をとっている。

草の根運動員にとって最も重要であった問題は、アンケート用紙の用語や新しい評価方法であった。それは、彼等のモチベーションを低下させた。9月に入ると、ケイティから突然次のような説明があった。

「これからは、コノリー下院議員が標的にしている有権者に加えて、２００8年にオバマを支持した有権者も訪問します」

オバマ大統領は、明らかに12年の再選を視野に入れて中間選挙を戦っていた。

「名簿に記載されている名前の右上にXのマークがある有権者は、２００８年にオバマを支持した人達です。彼等には、オバマ支持者用とコノリー支持者用の両方のパンフレットを渡してください。アンケートを行う際は、コノリー下院議員がターゲットにしている有権者には、配付した用紙の上の部分の台本を使ってください。オバマ大統領の支持者には、下の部分を使用してください」

1枚の用紙が上下に分けられ、2種類の台本が印刷されてあった。上はコノリーの支持者、下は08年にオバマに投票した有権者に対するそれぞれの台本であった。有権者に配付する資料も、コノリー用とオバマ用の2種に分類されていた。

2人の支持層は、重なっていなかった。コノリーの支持者は、年齢層が高く、エスタブリッシュメント（支配階級）が多い。一方、オバマ大統領の支持者は、18―29歳の若者層が中心だった。オバマとコノリーの両方の支持者を対象にした戸別訪問の実施は、コノリーの草の根運動員の負担になった。

新しいやり方で戸別訪問が始まると間もなくして、ある草の根運動員の怒りが爆発した。グレッグ・ハレイコ（35）である。日本文化に興味を持つ彼の趣味は、浮世絵を書くことだと言う。コノリー下院議員の選対本部には、グレッグが書いた浮世絵が飾ってあった。グレッグは、漫画の大ファンでもあった。普段物静かに話していたグレッグだが、この時ばかりは興奮気味であった。

「モトオ、我々はOFA（オバマ大統領の草根運動の組織）に吸収されたんだ。アンケート調査の用紙を見たか。オバマの支持者も訪問しなければならなくなったんだ。オバマの支持者は若者が中心だけど、ジェリー（コノリー）の支持者はエスタブリッシュメントと高齢者が中心だから、違うんだ」

グレッグは、不満で一杯だった。

「アンケート用紙の用語が、OFAの言葉になってしまった。やりにくくてたまらないよ。これ見たか。『誓約カード』だって。『あなたは、11月2日に投票することにコミットしますか』なんて、コノリー陣営は有権者に尋ねないよ。コミットメント（自分への約束）なんて、OFAの言葉だ。ジェリーに投票する人は、高齢者だから、『コミットメントしますか』なんて聞かなくても、もう投票することに決めているんだ。コミットメントという言葉は、コノリー陣営には合わないね」

まるで、M&A（企業の合併・買収）のようだった。買収された企業の社員が、買収側の企業の用語を使用するようになったために心理的な抵抗を示すのと類似していた。これまでに慣れ親しんできた仕事のやり方や考え方を変えることには、米国人も日本人も同様で、違和感を持つ。OFAとコノリー陣営の関係は、買収側と被買収側の組織文化の相違による衝突のようであった。両者のそれが、全く異なっていたのである。コノリー陣営と比較すると、OFAはフォーマルでマニュアル重視の文化であった。一方、コノリー陣営の組織文化は、インフォーマル、アバウト、おおらか、アットホームであった。

OFAは、彼等の使っているアンケート用紙と選挙手法をコノリー陣営に要求してきた。その一つが、グレッグが指摘した「誓約カード」であった。カードの内容については、第2章で説明をした通りである。

グレッグは、正しかった。選挙投票日の1週間前に、筆者がコノリーを強く支持する高齢の有権者を訪問し、「誓約カード」への記入を依頼すると拒否された。

「どうしてこのカードに記入する必要があるんだ。オレを信じないのか。ジェリー（コノリー）に忠誠心があるんだぞ」

このような場面があった。コノリーを「強く支持する」すべての有権者が快く「誓約カード」に記入してくれた訳ではなかった。

グレッグの怒りは、収まらなかった。

「評価方法も違うぞ。どうして『L』が2つあるんだ。『S』はどういう意味なんだ」

評価方法に関しても、混乱が起きていた。

第2章で説明したように、コノリー陣営の草の根運動員は、コノリーを強く支持する有権者は「1」、コノリーに傾いている有権者は「2」、決めかねている有権者は「3」、共和党に傾いている有権者は「4」、共和党を強く支持している有権者は「5」の評価方法を使用してきた。コノリーの草の根運動員は、この評価方法に慣れていたのだ。ところが、評価方法の用語をOFAに合わせたために、コノリーを強く支持する有権者は「C」（Connolly の頭文字）、コノリーに傾いている有権者は「L」（leaning の頭文字）、決めかねている有権者は「U」（undecided の頭文字）、共和党に傾いている有権者は同じく「L」（leaning の頭文字）、共和党を強く支持している有権者は「S」（strongly opponent の頭文字）を用いることになった。調査用紙には、単に「CLULS」の順で頭文字だけ並んでいた。それが混乱を招いた。

対立候補のフィミアンのファミリーネームの頭文字は「F」なので、草の根運動員は、共和党を強く支持しているは「S」ではなく「F」ではないかと議論した。これには、筆者も混乱してしまった。

それに加えて、オバマの支持者の家を訪問することは、負担であるばかりでなく、時間のロスだった。新学期が始まり、学生は親元におらず、カリフォルニア州やメリーランド州など他州にある大学へ帰ってしまっていた。大抵の若者が不在であるにもかかわらず、戸別訪問を続けたのである。

「親にパンフレットを渡せば、(親が)子供にオバマの支持者が来たことを話すので、それはそれでいいけれど・・・」

グレッグは、心の底では納得していなかった。コノリーの選対本部にOFAからオバマの支持者用の選挙パンフレットや「宣誓カード」が、次々に送られてきた。この頃、民主党議員の間に、オバマ大統領は自分の再選しか考えていないのではないかという声が出てきた。

コノリーの当選を最優先とするならば、9月と10月の貴重な時期は、彼を支持している有権者と、支持者になることを「決めかねている」有権者や、「気まぐれな」有権者を訪問するべきであった。しかし、ＯＦＡとも関係がある筆者には、それをコノリーの選対本部の幹部に提案することはできなかった。

「コノリー陣営では、「秘密のプロジェクト」が進行していた。それは、前でも触れたが、コノリーの友人宅の裏庭に集めた30名の有権者とオバマ大統領が、直接対話をするというプロジェクトであった。オバマは、優先順位の高い与党民主党の議員に対し、自らが「裏庭キャンペーン」を展開した。それのみではなかった。コノリー下院議員を支援しようと、ＯＦＡはオバマ草の根運動員に呼びかけて、10数名をコノリー陣営に送ってきた。その時は、コノリーとオバマの草の根運動員が、合同で戸別訪問を行った。それほど、オバマ大統領もＯＦＡも、コノリーの選挙区に力を入れていた。従って、コノリー陣営の草の根運動員が不満を述べても、幹部がそれを聞き入れてＯＦＡや民主党全国委員会の指示を拒否することなど、到底できなかっただろう。

コノリーの胸中

中間選挙の投票日まで約1カ月になったある日、コノリーの議員事務所を訪問していると、秘書のロンダが、下院議員が筆者を呼んでいると言ってきた。コノリーの部屋に入ると、彼は、報道官のジョージ・バークからテレビ広告の費用についての報告を受けていた。筆者の姿を見たジョージは、ドアを閉めて部屋から出て行った。コノリーは来客用のソファではなく、自分の机の横にある椅子に筆者を座らせ、開口一番こう尋ねてきた。

「モトオ、ティーパーティーについてどう思う」

コノリーは、ティーパーティーの対応にかなり苦慮している様子だった。

まず、筆者は、ティーパーティー運動は草の根ではないと伝えた。

「ティーパーティーの活動家を、遠隔操作をしている人がいます。カンザス州の億万長者のコーク兄弟です。オバマ大統領は、彼等の名前こそ出しませんでしたが、巨大なエネルギー企業がアメリカンズ・フォー・プロスペリティに資金提供をしている点に言及しました。オバマ大統領は、社会福祉活動家の時から草の根運動をやってきました。草の根は、彼の信念です。オバマ大統領の気持を考えると、ティーパーティーを草の根と同じレベルで語ることは、許されないのです。ティーパーティーは、ロビイ団体です」

コノリーは、筆者の意見に同意してくれた。そのうえで、コノリーは、ティーパーティーを次のように表現した。

「ティーパーティーは、カルト集団だ」

筆者は、彼に提案をした。

「ティーパーティーの資金源について、民主党はもっと攻撃を加えるべきです。どこからお金が捻出されているのか、追求するべきです。今のままでは不十分です」

コノリーは、これについても同意してくれた。

次に、民主党と共和党の選挙体制の説明をした。

「現在の選挙体制を見ると、民主党全国委員会の傘下にOFAがあり、その下に上下院の候補者の選対本部があります。指示系統もそのようになっています。共和党全国委員会の傘下に、ティーパーティーが入ると、双方が対称的になります」

ティーパーティーが共和党の傘下に入れば、民主党側と構造が対称的になり、OFA対ティーパーティー運動という新しい対立構図が生まれると言いたかった。

これに関しては、コノリーは別の見方をした。

「ティーパーティーと共和党の関係が逆だな。ティーパーティーが共和党の上にあるぞ」

コノリーは、そう指摘した。厳しい選挙を戦っている当事者の意識は、民主党候補対ティーパーティーであった。

続けてコノリーが述べた。

「上院では、ティーパーティーが支持した候補者が8人当選するかもしれない。8人いればたくさんだ」

ここでも表情や声の調子から、ティーパーティーが不愉快であり、それが今や脅威的な存在にまでになっていることが窺われた。

余談になるが、ティーパーティーについて議論が終わると、コノリーは、「日本の首相は頻繁に辞めるが、それは政治システムが原因か」と質問をしてきた。また、日本の少子化対策についても尋ねてきた。少子化の質問は、今回が2回目だった。「人口の低下は、国力の低下である」とコノリーは主張した。「日本人の性格は、移民に馴染まないのではないか」と語り、「しかも出産もしないのなら、どうやって人口を増やすのか」と言って迫ってきた。中国やインドに人々の関心が向き、日本の存在感が薄れる中で、コノリーは日本に高い関心を示していた。

本論に戻ろう。この頃、コノリーのみならず選対本部のスタッフも、ティーパーティーの動きに神経質になっていた。報道官のジョージのアシスタントをしているグラントに、次のように話しかけたことがあった。

「ペンシルバニア州では、ティーパーティーが戸別訪問をしているという情報があるけれど、グラントは知っているか」

グラントは、一瞬、衝撃を受けたような表情を浮かべた。

「それは本当か。バージニア州北部でなくてよかった」

グラントは、ほっと胸を撫で下ろした。彼は、ティーパーティーの活動家が他州からバスでバージニア州第11選挙区に乗り込み、戸別訪問を行うのを非常に恐れていた。彼は、ティーパーティーの話題になると神経を尖らせていた。もう一つ例を挙げてみよう。

筆者が、フリーダムワークスの名前を口にした時だった。グラントがそれに即座に反応した。

「モトオ、フリーダムワークスなんて言うな。『自由な社会がうまくいく』なんて、本当にいい名前なんだ。一般の米国人は、フリーダムワークスのことは知らないから、ただティーパーティーと言っていればいいんだ」

石油業界と関連のあるアメリカンズ・フォー・プロスペリティ（繁栄を求めるアメリカ人）というティーパーティーの団体のネーミングについて、オバマ大統領は皮肉を込めながらも賞賛をした。有権者の注意を引きやすい名前をティーパーティーは付けたのである。コノリーの選対本部では、うかつにティーパーティーの話題を出せない雰囲気があった。

1本の木

ティーパーティーから支援を受けたフィミアン候補は、票の数え直しを求めずに敗北宣言をした。その結果、現職のコノリー下院議員は、彼の再挑戦を振り切ることができた。

10年末で期限切れとなる減税法案の投票が済んだ日の翌日（同年12月17日）、コノリー下院議員が議員事務所でインタビューに応じてくれた。建物の廊下には、中間選挙で当選を果たした94人の新人の下院議員（内共和党85人、民主党9人）やスタッフが使用する椅子や机、本棚が並んでいた。ちなみに、94人のうち、35名はこれまでに公職に就いたことがなかった。2年目のコノリー下院議員の事務所は、建物の3階から4階に移動になり、以前よりも広い部屋が与えられた。

「一本の木が残ったんだ。他の3本の木は、なぎ倒された」

コノリー下院議員は、片手にコーヒーが入ったプラスチックのコップを持ち、椅子に浅く座り、前かがみになって筆者に視線を合わせると、このような比喩を使って語りかけてきた。コップをテーブルの上に置くと、今度は指を使って1本の木が立ち、3の本の木が倒れる様子を表現し、「1本の木は残った」と繰り返して言った。1本の木は自分を、3本の木はバージニア州で敗れた民主党の3人の仲間の議員を示していた。

「100年に一度の難しい選挙だった。生きるか死ぬか」

少々大げさな感がしたが、大恐慌以来の景気後退に直面し、それが長期化する中で選挙を戦い、生き残った当事者にすれば、そのように思えたのだろう。

「従来の選挙で有効なはずの討論のスキルや、自信に満ちた態度、経験、知性は今回の選挙では関係なかった。有権者は、現職議員に怒っていた」

コノリー下院議員は、中間選挙をこう振り返った。

この日は、青色のワイシャツにサンタクロースの絵柄の入った赤色のネクタイをして、余裕のある表情で事務所に現れた。しかし、投票日の彼は、全く様子が異なっていた。秘書のロンダが、筆者にこう語っていたのを思い出した。

「今日（投票日）、ジェリーの旧友が、『あんなに神経質になっている彼（ジェリー）を見たのは初めてだ』と語っていたわ」

コノリー下院議員は、それほど追い詰められていた。

コノリーは話を続けた。

「フェアファックス郡の失業率は4・5％。だが、メディアが全国の失業率が10％だと連日言うので、私の選挙区の有権者は自分たちの失業率までも10％だと思い込んでしまった。私は、彼らに正しく認識してもらおうと努力した。しかし、家族のメンバーや友人が失業してしまえば、4・5％は関係なくなってしまう」

フィミアン候補は、コノリーに関して否定的な内容の看板を選挙区内に掲げた。それに加えて、フィミアン陣営は、資金をテレビ広告につぎ込み、コノリー下院議員を誹謗中傷した。

「相手に中傷されたら、やり返さないと選挙には勝てない」

だが、両者の決着をつけたのは草の根運動の差であった、とコノリー下院議員は分析した。

「彼等（フィミアン陣営）の草の根運動は、弱かった。私たちの草の根運動は、よくコーディネートされていた。草の根運動がなかったら、私は今、この（議員事務所の）椅子には座っていない」

コノリーは、テレビ広告のような空中戦のみではなく、草の根運動といった地上戦の重要性も強調した。

「オバマ大統領の支持率が下がると、私の支持率も低下する。彼が12年の選挙においてバージニア州で勝つためには、私の選挙区が必要なんだ。それで応援に駆け付けたんだ」

コノリーは、ここまで筆者と本音で語ってくれた。また、11年1月から始まる新議会における展望についても触れてくれた。

「新議会で超保守派とリベラル派がもっと衝突をして対立を深めると、オバマ大統領は、有利な立場にたつだろう。無党派層の票を取り戻そうとしてその間に入って、彼はリーダーのように振る舞うだろう。彼はいいポジションを取る」

コノリーは、こう予想した。

さらに、ティーパーティーと共和党の今後の関係についてもコメントをくれた。

「ティーパーティーは、共和党に吸収されるだろう。早くティーパーティーの運動が終わることを祈っている」と語ったうえで、「中間選挙の候補者の中には、当選をするためにティーパーティーの支持を得ようとした者がいた」と、対立候補だったフィミアンを暗に批判した。

次期下院議長のベイナー下院議員については、次のように述べた。

「ベイナーが、オバマ大統領と安易に妥協をすると、ティーパーティーが怒るだろう。カンター（現在院内総務）は野心があり、いつベイナーを後ろから刺すか分からない。だから、ベイナーは、常にカンターを監視していかなければならない。それに加えて、ベイナーは、我々民主党やホワイトハウスの動きも注視しなければならない。大変難しいポジションにいる。私はそんな仕事はやりたくないね」

コノリーの本音が続いた。

「上下両院で、どちらの政党が多数派をとるかが問題だ。だが、例えとったとしても、多数派でいられる期間が短くなってきている。有権者の判断は、2年で変わるだろう」

コノリー下院議員は、こう語っていた。

中間選挙の結果、上下両議員が、コノリー議員のように有権者の短期志向に基づいた厳しい審判を強く感じ取っていた。それは、選挙後の会期に、即座に現れた。党派を超えた協力により、議会は大型減税の延長や同性愛者の軍への入隊規制の撤廃の法案を通過させ、ロシアとの新戦略兵器削減条約（新ＳＴＡＲＴ）の批准も承認した。有権者から怒りのメッセージを受け取った両院の議員は、協働と生産性の高い議会を「演出」することに成功した。しかし、新議会において、ティーパーティーの支援により当選した妥協を拒否する超保守派の議員たちが加わると、再び議会の生産性が下がり行き詰まりの状態に陥る可能性がある。

中間選挙で、下院を共和党に奪われ、上院では議席を減らしたオバマ大統領は、意に反して富裕層を含めた減税の2年間延長に安易に応じた。新議会でそのような妥協を多くすると、オバマ大統領のカリスマ的リーダーシップはさらに低下していく危険性がある。「妥協の11年」になれば、実務的な政治判断に優れたリーダーというよりも、譲歩を繰り返す弱いリーダーという認識を有権者に与えてしまう。

逆にオバマ大統領は、共和党との妥協を通じて実績を残し、議会のリーダーシップではなく、彼自身の指導力の下で結果を出したと有権者に認識させることができれば、支持率は上がる可能性がある。いずれにしても、オバマ大統領と運命を共にするコノリーにすれば、大統領のリーダーシップが非常に気にかかるところである。

第5章

分断された米国社会を憂慮する草の根運動員

「信仰の自由を支持」と書かれた看板と星条旗を掲げてイスラムセンター建設賛成を訴える
マット・スカイ（ニューヨーク市パーク51の前で）

イスラムセンター

「一つの米国」を訴えたオバマは、人種・民族の融合を期待されて大統領に就任した。人種、民族、宗教による異なった価値観や信念を乗り越えた一つの米国を夢みて、オバマに投票した有権者は少なくなかったはずだ。08年、筆者がバージニア州北部で戸別訪問を行った際には、有権者から「オバマなら人種の融合ができると思う」という声を多数聞いた。ところが、これに反して大統領就任後の米国社会における分断は、以前にも増して顕著に現れている。

その一例が、全米各地で論争を呼んでいるモスク（イスラム教礼拝堂）建設の問題である。中でも、その象徴となっているのが、ニューヨーク市の世界貿易センタービル跡地の近くにある私有地に建設を予定している〝モスク〟である。以前、その建物には、バーリントン・コート・ファクトリーという衣料品店が入っていた。ニューヨーク在住のある日本人記者が、建設場所に関して筆者にこう語った。

「世界貿易センタービル跡地の目の前に、モスクを建設するものだと思って取材に行ったのです。しかし、実際の建設予定地は、世界貿易センタービル跡地と同じ通りにも面していませんでした」

確かにその通りだった。建設予定地は、世界貿易センタービル跡地からウエスト・ブロードウェーを北へ2区画上がり、パーク・プレイスを右折したところにあった。有権者の中には、世界貿易センタービル跡地（グラウンド・ゼロ）の上にモスクを建設するものだと思いこんでいる者さえいた。

ティーパーティーの活動家は、モスク建設反対の立場をとっていた。保守系のフォックス・ニュースとラジオ番組の司会を務めるグレン・ベックがワシントンで開催した集会に、テキサス州ダラスから参加した白人のチャールス・マレイ（59）も、その一人であった。彼は、当初、建設賛成派が建設予定のモスクを「コルドバ・ハウス」と呼んでいた点を突いた。コルドバは、スペイン南部のアンダルシア地方の都市であり、イスラム教徒が征服し、その後、キリスト教徒が領土奪回運動を起こした地であった。ニューヨーク市に本部を置く非営利団体「コルドバ・イニシアチブ」の宗教指導者は、建設予定のイスラムセンターを「コルドバ・ハウス」と呼ぶように提案した。この非営利団体は、コルドバをイスラム教徒、ユダヤ教徒並びにキリスト教徒の共存共栄の地として捉えていた。しかし、マレイの解釈は異なっていた。

「イスラム教徒は、ある地域を支配すると、勝利のシンボルとしてそこにモスクを建設していったのです」

マレイにとって、「コルドバ」には、イスラム教徒の征服というマイナスのイメージが伴っていた。01年の米同時多発テロは本土攻撃であると強く認識しているマレイには、建設予定のモスクは、イスラム教徒の勝利のシンボルとして映っていた。

「建設賛成派は反対派の意見をかわすために、『コルドバ・ハウス』から予定地の住所をとって『パーク51』に名称を変更したのです」

ティーパーティーの活動家であるマレイのイスラム教徒に対する不信感は、強かった。

ニューヨーク市内では建設賛成派と反対派の双方がパーク51を巡って、集会やデモ行進を行っていた。そのような状況の中で、ホワイトハウスのロバート・ギブズ米大統領報道官（当時）は、モスク建設の問題は、地方の争点であるという立場をとり続けた。しかし、10年8月13日、オバマ大統領は、ホワイトハウス主催のイフタ（日没後にとる断食終了後の食事）にイスラム国の大使やリーダーを招き、そこで「イスラム教徒は、教会やコミュニティセンターを私有地に建設する権利がある」と述べ、国民に他宗教に対する寛容さを求めた。大統領の建設賛成の発言と同時に、招待客から拍手が起こった。イスラム教のリーダーや建設賛成派は、オバマの支持を得て満足し、一方で反対派は、この発言に不快感を示した。

ところが、オバマ大統領は翌日（同月14日）フロリダ州で、イスラム教徒はモスク建設の権利はあるが、建設をするべきだとは語っていないとメディアの質問に答え、一歩引いた発言をした。オバマは、自ら発したメッセージに、アステリスク（星印）をつけて解釈を加え、それを灰色にしてしまった。有権者の中には、大統領はモスク建設賛成を撤回したと認識した者もいた。効果的なメッセージの第一条件は、明確さである。オバマは、自己の発言について「後悔していない」と語ったが、建設賛成派に混乱を招いてしまった。

国民の中には、オバマの信仰について不信感や疑問を抱いている者が少なくない。これらの一連の発言の前に実施したピュー・リサーチ・センターの調査をみると、18％が「オバマ大統領がイスラム教徒である」と考え、43％が「オバマ大統領がキリスト教徒かイスラム教徒か分からない」と回答している。自分自身を保守派と答える有権者に至っては、31％が「オバマ大統領はイスラム教徒である」と回答している。「オバマ大統領がキリスト教徒である」と答えたのは、34％であった。オバマの信仰について正確に理解している回答者は、約3分の1のみであった。

ティーパーティーの指導者の一人であるグレン・ベックは、ワシントンで開催した大規模な集会のなかで、「オバマ大統領」という言葉を一切使用せずに、ティーパーティーの支持者に、神や信仰の重要性を強調した。参加者の誰もが、オバマの信仰に疑問を持ち、イスラム教に対し嫌悪感や恐怖心を抱いていたからである。ベックは、実に巧妙な戦略で大統領のアキレス腱を攻撃した。ジョージ・W・ブッシュ前大統領と相違し、オバマ大統領は定期的に礼拝に行かない。ベックの集会に参加した信仰心の厚い白人の保守系の有権者とは異なり、オバマの支持者も、教会に定期的に通わない者が多い。モスク建設の問題は、ベックやティーパーティーの支持者にとってオバマ大統領に対する格好の攻撃材料であることは間違いなかった。

10年8月27日、金曜礼拝に訪れるイスラム教徒や宗教指導者にインタビューを行おうと、マスコミ関係者がパーク51の前に集まった。イスラム教徒は、一日5回のお祈りを捧げるが、金曜日は集団礼拝を行う。一旦、マスコミ関係者は建物の入口まで入ることができたが、内での撮影や取材は許可されず、礼拝が終了するまで外で待機することになった。しかし、保守系の米テレビ局フォックス・ニュースのレポーターは、引き下がらなかった。彼は、パーク51の関係者を自分に引き寄せて、建物内での撮影と取材の許可を得るための交渉を続けた。その間、同ニュースのカメラマンが、建物内でシャッターを何度も切っていた。レポーターとの交渉に気をとられているイスラム教徒の関係者は、それに気付いていなかった。一方、日本のテレビ局と通信社は、そのような公正を欠くような行動はせずに、不承不承だったかもしれないが、指示に従い建物から出て行った。フォックス・ニュースのレポーターとカメラマンが諦めて建物から出て行った後で、筆者は、関係者の男性に日本の大学から研究目的で訪問していることを説明した。彼は、礼拝場に入る許可をくれた。

パーク51の中には、すでに礼拝場があった。最後尾で宗教指導者の説教を聞いた。礼拝が終了すると、「建物の外に出たら、マスコミ関係者の質問には答えないように」というアナウンスが入った。イスラム教徒と一緒に建物を出ると、マスコミ関係者が待ち構えていた。彼等はアプローチをしたが、信者は指示通りにマスコミの質問には一切答えていなかった。だが、彼等の中には、建物の外で建設賛成の看板を掲げている支持者を見つけると「ありがとう」と声をかける者がいた。

建設予定の〝モスク〟に関して、明らかに誤解があった。それは、イメージ戦略や意図的な情報操作に拠るところが大きかった。その誤解とは何か。

まず、建設予定地についてである。10年11月に行われた中間選挙では、ニューヨーク州の知事選に立候補した共和党のリック・ラジオは、テレビ広告の中で「グラウンド・ゼロ・モスク」と呼んだ。米同時多発テロで約３０００人が亡くなった聖地のうえにそびえ立つモスクを有権者にイメージさせて、反イスラム教徒の感情を煽り、票の獲得を狙った。「グラウンド・ゼロ・モスク」というネーミングは、建設予定地に関して有権者に誤解を与えた。

次に、建設予定の建物は、実際はモスクではなくイスラムセンターであった。建物の中には、図書館、レストラン、プール、フィットネスクラブといった施設や料理教室、美術作品や9・11を記念する展示場等が含まれていた。それらに加え、礼拝場を設ける構想であった。これらの文化施設に関しては議論されず、礼拝場のみが争点になっていた。だが、パーク51の中には、すでに礼拝場が存在していたのだ。

CNNが実施した世論調査の質問の内容について、異文化間コミュニケーションの専門家から疑問の声が上がった。CNNの質問は、「ご存知のように、米国のイスラム教徒が、世界貿易センタービル跡地から2区画離れた場所にモスクを建設する予定です。あなたは、この計画に賛成ですか、それとも反対ですか」というものであった。調査結果は、全体の68％が建設反対であった。白人においては、72％が反対と回答している。保守派に至っては、約9割が反対である。アメリカン大学異文化マネジメント研究所所長のゲリー・ウィーバーは、この調査結果について、次のように述べた。

「質問のモスクの部分を、イスラムセンターに変えて、相互理解を深めるためとか、イスラム教に掛け橋を作るためといったような文句をいれたら、結果はどうなったでしょうか。

反対派の数字は、下がったはずです」

有権者は質問内容を吟味することなく、調査結果の数字のみに注目していた。

イスラムセンター建設賛成派 vs 反対派

パーク51の入り口の前に、体格の良いイスラム系と思われる男性が立って警備にあたっていた。彼を挟んで、右側にイスラムセンター建設賛成派、左側に反対派がそれぞれのメッセージを書いた看板を持って立っていた。平日の午前とあってか、賛成派は3名、反対派は1組の白人夫婦のみであった。午後の金曜礼拝の時間が近づくと、10名ほどの賛成派が応援に駆け付けて来た。賛成派は、白人、アフリカ系、ヒスパニック系（中南米系）、アジア系など人種や民族における多様性に富んでいた。一方、反対派には、別の白人夫婦が加わり合計4名になった。両者は、人種や民族において対照的であった。

建設賛成派は「信仰の自由を支持」「統一。人種差別と偏狭に反対」「あなたの隣人を愛しなさい」「信仰と他文化に対する寛容さを支持」等の看板を掲げて、歩行者に訴えていた。それに対して、反対派は一組の夫婦のみが、看板を持って立っていた。「ここには、勝利のモスクはいらない」「信仰の自由ではない。敬意の問題だ」と看板には書いてあった。9・11で亡くなった約3000人の犠牲者に対して敬意を払えというメッセージであった。

歩行者は、これらのメッセージに反応した。自分と同じ主張を書いた看板を手にした賛成派や反対派と意見交換をしたり、彼等を激励した。しかし、すべてが平穏に行われたわけではなかった。イスラムセンター建設反対の立場をとるアフリカ系の歩行者の女性が、感情を爆発させて大声を上げ、同系の賛成派の女性と口論になる場面があった。建設予定地の前を走っていた白人の運転手が、車のスピードを落として、賛成派に向かって罵声を浴びせる場面もあった。

午後になると、マスコミ関係者、警察官、建設賛成派、反対派並びに見物人などでパーク51の周辺は、騒然となった。ここで、イスラムセンター建設問題について、ヒアリングを行ったので、まず反対派の声から紹介しよう。

建設反対派の声

ウェイン・バック（65）

中西部のオクラホマ州から妻のスージーと建設反対の意思表示のためにパーク51に来たバックは、イスラムセンターの建設場所について、「他の選択肢があるはずです」と述べた。そのうえで、「信仰の自由の問題ではないのです。9・11の犠牲者を尊重するか否かの問題なのです」と怒りを込めて語った。また、「イスラム教徒は、9・11の勝利のシンボルとして、世界貿易センタービル跡地の近くにモスクを立てようとしているのです」と強い口調で述べた。

ジャック・ラザイ（60）

カリフォルニア州からパーク51を訪問し、妻のジョアンと反対派に加わったラザイは、「感情的な問題です。真珠湾攻撃があった場所の近くに神社を建てることは許されないはずです。広島と長崎の爆心地の傍に、米国が博物館を建設することも許されません。イスラム教徒が、ここにモスクを建設することは、私たちの顔をピシャリと打つようなものです」と言って、感情的な面を強調した。さらに、彼は、「イスラム教徒は、世界貿易センタービル跡地にモスクを建設することが勝利であると考えているのです」と語った。前のバックと同感であった。ジョアンは、「イスラム教徒は、テロリストに対してもっと強い態度で臨むことができるのに、そうしていません」と不満を口にした。

バック夫妻とラザイ夫妻には、イスラムセンター建設反対以外にも共通点が存在した。彼等は、ティーパーティーの支持者であった。バックは、ティーパーティーを「素晴らしい運動です」と褒めた。妻のスージーは、「オバマ政権に対して反対の声を上げる必要があります。公的資金や医療保険制度改革は、支出なのです。政府が人々をコントロールするべきではありません。人々が政府をコントロールするべきなのです」と主張した。筆者がスージーに「日本人は政府に対する不満は述べるが、ティーパーティーのように立ち上がって運動を起こして変えようとしない」と述べると、彼女は間髪を容れずにこう答えた。

「日本にもティーパーティーが必要ですね」

さらに、筆者がグレン・ベックの集会でヒアリング調査を行うためにワシントンに戻ると告げると、スージーは、「あなたは、彼（ベック）の集会に参加できて幸せな人だ」と語った。それほど、彼女はティーパーティーを支持していた。

ジョアンは、ティーパーティーが米憲法について国民を教育している点を高く評価した。また、ティーパーティーがオバマ大統領の「大きな政府」路線に対して警鐘を鳴らしている点を支持の理由として挙げた。夫のラザイは、ティーパーティーは政党ではないと語ったうえで、「彼らは自発的に運動をしています。政府に怒っている人たちなのです」と活動家の自律性を評価した。

次に、建設賛成派の声を紹介してみよう。

建設賛成派の声

看板を持って歩行者に訴えている賛成派は、人種や民族における多様性に富んだ20代の若者が、中心的な役割を果たしていた。また、イスラム教徒ではなく、プロテスタントやカトリック教の若者がリーダー的な存在になっていた。中でもマット・スカイは、賛成派のリーダーだった。

マット・スカイ（26）

プロテスタントで白人のマットは、星条旗を右手に、「信仰の自由を支持」と書いた看板を左手に持ち、連日、パーク51の前に立って歩行者に呼び掛けていた。米紙ニューヨークタイムズ、ワシントンポスト、地元メディア等が、彼の意見や写真を掲載したので、マットはニューヨーカーの間で、話題の人物になっていた。ウェブサイトのデザインの仕事をしているマットは、痩せ型で一見線の細い印象を与えるが、実はタフであった。

「イスラム教徒は、この場所（パーク51）に残るべきです。一部の過激派のために、全てのイスラム教徒が罰を受けるのは、公平ではありません。建設しようとしているのは、モスクではないのです。文化センターなのです。オクラホマシティの連邦政府ビルを爆破したティモシー・マクベイは、イスラム教徒ではなく、カトリック教徒だったのです」

マットは、イスラム教も他の宗教と同様に、公平に扱われるべきだと主張した。

「争点がシフトしている点に注意しなければなりません。最初は、単に建設予定地が問題でした。ところが、反対派は、イスラム教徒を問題に挙げ、それに対する恐怖心を煽る戦術に出たのです。その結果、人々は彼等に理性のない感情を持つようになったのです。さらに、恐怖心がイスラム教徒への人種差別に変わっています。経済状態が良好な状態では、恐怖心を利用した戦術はうまくいかないでしょうが、今のような経済が悪化した状態では、そのような戦術は機能するのです」

マットは、反対派の戦術を見抜いていた。パーク51の前で、賛成派と反対派が口論になって衝突する場面があったが、彼は冷静さを失わなかった。Tシャツにジーンズ姿の中学生とみられる2人が、建設賛成の理由をマットに尋ねてきた。その時も、彼は、憲法が保障している信仰の自由を持ち出して、熱心に説明をしていた。

ジュリア・ランディ（28）

マットと一緒に建設賛成の運動を行っている白人のジュリアは、カトリック教徒である。責任感が強い印象を与えるジュリアは、高校生を対象に物理と数学の家庭教師をしている。

「マットは、11日間連続でここに立っているの」

ジュリアが、心配そうな表情を浮かべて語った。

「反対派は、イスラム教徒が米国を乗っ取ると言って、恐怖心を煽っています。すべてのイスラム教徒に９・11の責任があるわけではありません。世界貿易センタービルにいたイスラム教徒もテロリストに攻撃されたのです。彼等は米国人であり、イスラム過激派の犠牲者なのです」

建設反対派の中には、米国国籍のイスラム教徒に向かって、「ＵＳＡ，ＵＳＡ，ＵＳＡ…」と連呼する者がいた。マットと同様ジュリアも、建設予定の建物は、モスクではなく文化センターであると主張した。

「ティーパーティーは、テロリストが文化センターの資金提供者だと信じています。キリスト教徒やユダヤ教徒が教会を建設する時は、資金源が問題にならないのに、どうしてイスラム教徒が文化センターを作る時は、問題にするのですか。それは、公平ではありません」

ジュリアも不公平さを感じていた。彼女以外にも、カトリック教の建設賛成派が参加していたので、彼等の声も紹介しよう。

サイヤ・フェルナンデス（26）

フェルナンデスは「人種差別が敵」と書いた看板を持って、歩行者に訴えていた。

「反対派は、理性を持つべきです。一歩下がって、この問題を眺めるべきなのです。イスラムセンターを通じて、イスラム教徒とコミュニケーションを図り、ネットワークをつくることが重要なのです」

ブライアン・エンク（20）

白人でカトリック教徒のエンクも、「私たちは、宗教に対して自由な国で生活をしています。

全ての人々には、信仰をする自由があるのです」と語り、信仰の自由をイスラムセンター建設の賛成理由に挙げた。

他の賛成派の意見は、次のようであった。

ティモシー・レイナルド（25）

「イスラムセンターは、教育の場なのです。建設予定地は、悲劇的な場所から近いですが、オープン（開放的）な考え方と他宗教に対する寛容さが必要なのです」

クリスタル・ガルシア（28）

「テロリストは、本当のイスラム教徒ではありません。イスラム教徒は、自爆テロに反対しています。人々は、イスラム教に恐怖心を持つべきではありません。相手の考えに同意する必要はないですが、お互いを尊重するべきなのです」

イスラム教の宗教指導者が建物から出てくると、マスコミ関係者が彼を囲み質問を浴びせた。

「この場所にモスクを建設するのは、無神経だとは思いませんか」

「建設する国の文化に合わせたものを建てます。中国では中国の建築物に適応したデザインになります。インドでは、インドの文化に合わせた建物になります」

彼は、こう回答して質問をかわした。

宗教指導者は、海外メディアの単独インタビューにも応じ、質問に対して丁寧に答えていた。

マスコミ関係者が解散すると、パーク51は元の落ち着きを取り戻した。午後5時頃、パーク51に隣接する「ダコタハウス」という居酒屋から、工事現場の作業服とヘルメットをかぶった2人組の白人の男性が出てきた。彼等は、星条旗を持って歩行者に訴えているマットとジュリアをじっと見つめながら、タバコを吸っていた。筆者が彼等にアプローチをすると、一人の男性が話を切り出した。

「オレの名前は、リッチ。タワー3の現場で仕事をしているんだ」

リッチは35歳で、世界貿易センタービル跡地再建の仕事をしていた。

「こんな近いところにモスクを建てるなよ。どこかへ行けよ。イスラム教徒は、米国人を嫌っているんだぞ」

リッチは、マットを見ながら続けてこう言った。

「『米国の国旗を使うなよ。イスラム教の国の国旗を使え』って彼に言ってやりたいよ。ここで３０００人が亡くなったんだ」

分断されたアメリカ社会。マットとリッチの溝は、どうしようも無いほど深かった。

マット・スカイを探して

米同時多発テロから9年目の日を前に、マットからメールが入った。

「遺族が9月11日に行われる式典の日は、デモをやらないようにと言っているから・・・でも建設反対派がデモをするなら、こちらも看板を持って立たないと」

マットは、デモの参加を決めかねていた。

マスコミ関係者は、区切りの悪い9年目の米同時多発テロをどのように扱うか悩んでいた。そこに、イスラムセンター建設計画の問題が飛び込んで来た。建設賛成派と反対派による大規模なデモ行進が予想され、緊張の中で9年目を迎えることになった。

パーク51の周辺は、鉄さくで囲われ、ニューヨーク市の警察官が警備に当っていた。パーク51の西側に建設反対派、東側に賛成派が陣取った。おそらく、警察が、衝突を起こさないように、集会場所を東西に分けたのだろう。式典終了後の午後1時から両者が集会を開始した。

筆者は、コノリー下院議員の草の根運動に参加する予定であったが、その日の朝、マットを取材しようと決め、急きょチケットを購入してワシントンから列車に飛び乗ってニューヨークへ向った。

（彼は、必ずパーク51の周辺で、例の看板を持って立っているはずだ）

そう確信していた。

パーク51に近い地下鉄の駅を降りると、ティーパーティーの支持者たちが、彼等のシンボルになっている「ガズデンの旗」を持って集まっていた。黄色のガズデンの旗には、コルク状のガラガラ蛇の下に「オレを踏みつけるな」と印刷されてあった。この旗は、独立戦争時に生きた将軍であり政治家でもあったクリストファー・ガズデンによって、デザインされたもので、「自由を踏みにじるな」というメッセージを送っていた。ティーパーティーの活動家は、「大きな政府」路線のオバマ大統領が個人の自由を奪っていると捉えていた。

ティーパーティーの活動家の一人、パトリック・ケーガン（38）は、ボストンから建設反対派の集会に参加するためにパーク51に来たと語った。

「私は、反イスラムです。イスラム教は、人権を認めていませんから。イスラム教は、テロリストの組織であって、宗教ではありません」

このように述べると、彼はティーパーティーの仲間と一緒に反対派の集会の方向へ歩いて行った。ボンストンのあるマサチューセッツ州のみならず、ニュージャージー州やオハイオ州からも、ティーパーティーの支持者たちが、ガズデンの旗やガラガラ蛇が印刷されたTシャツを着て参加していた。

（マットとジュリアは、賛成派の集会に参加しているかもしれない）

そう思って、賛成派の集会に行った。ここでも、賛成派は、人種、民族、宗教において多様性に富んでいた。彼等は、次のようなメッセージを看板に書いて参加していた。

「（イスラム教に対する）嫌悪感に反対。信仰の自由に賛成」

「無知は敵。イスラム教は敵ではない」

「イスラム教徒を歓迎」

「反イスラム教は、国民を分裂させるために嫌悪感と恐怖心を利用している」

「偏狭、嫌悪感、人種差別」

建設賛成派のリーダーが、拡声器を通して叫んだ。

「ティーパーティーは、無知だ」

「彼等は、人種差別者だ。人種差別を止めよう」

「ティーパーティーを追い出せ」

「ティーパーティーは立ち去れ」

反ティーパーティー色が強く出ていた。

この集会においても賛成派を対象に、ティーパーティーに関してヒアリングを実施したので、彼等の声の一部を紹介しよう。

カシフ・モハメッド（25）

「ティーパーティーは、人種差別者です。すべての非白人を攻撃します。彼等は、自分たち以外の人達に敬意を払っていません。それでは、解決にならないのです。また、イスラム教について無知なのです。コーランは、分断ではなく統一を明記しています」

ミシェル・レイド（22）

「ティーパーティーは、偏狭な考えを持った人たちの集まりです。彼等は、穏健派と過激派のイスラム教徒を区別するべきです。私たちは、穏健派を支持しているのです」

ブライアン・コンボイ（58）

「大企業が資金を与えてティーパーティーの活動を支えているのでしょう。彼等は、右寄りで保守的です。また、偏狭な考え方をします。オバマ、黒人、イスラム教徒を嫌っています」

ジョナサン・ガラオ（18）
「ティーパーティーはパーク51の計画を、反イスラム運動に利用しています。すべての宗教が、教会やモスクを建てる権利があるのです」

リサ・ペレズ（23）
「ティーパーティーは、人種差別と恐怖心を煽って、社会を分断しています。イスラム教徒、移民、ラテン系に罪をきせているのです」

シンディ・ゴム（27）
「ティーパーティーは、反移民です。大抵のメンバーが白人で、非白人に反対です」

建設賛成派の参加者の中には、異文化理解の重要性について語る者もいた。

バーニー・テックマン（68）
「お互いの苦痛に耳を傾けることです。ユダヤ人にはホロコースト（大虐殺）の苦痛があります。イスラム教徒にも苦痛があります。日本人にも、広島や長崎の苦痛があります。それぞれの苦痛のストーリー（物語）を共有し合うことが重要です。ストーリーの共有が、異文化理解を深め、良い関係に変えて行くのです」

アラン・エドモンド（68）

「イスラム教徒も9・11の犠牲になりました。しかし、イスラム教徒は、迫害されています。彼らは、犯罪人のように扱われているのです」

フマ・アマッド（29）

「イスラム教徒も、世界貿易センタービルで亡くなっています。彼等の中には、レストランで働いていた人もいました。世界貿易センタービルの中には、礼拝室があったのです。ですから、ここ（パーク51）にイスラムセンターを建設するべきです」

集会が終了した後、筆者は賛成派のデモ行進に参加し、看板に書かれたメッセージを連呼しながら、マンハッタンを約1時間行進した。その後、パーク51の周辺を中心にマットを探した。予想通り、パーク51から数区画離れた交差点の角に、例の「信仰の自由を支持」と書いた看板を持って立っている長髪の白人男性を見つけた。マットだった。薄い灰色のワイシャツにネクタイ。黒のスラックス。前回見かけた時と、ほとんど同じ格好をしていた。

「マットじゃないか」

筆者の掛け声に笑顔で答えてくれた。

「ハイ、モトオ」

マットとの会話がスムーズに始まった。

「今日はジュリアは来ていないの」

「家庭教師の仕事で参加できないんだ」

「マットは何日間連続で立っているの」

「26日間かな。１日休んだけれど」

「ジュースでも持って来ようか」

「水を持って来てくれないかな」

ココナッツが付いたドーナッツとミネラルウォーターを差し入れると、彼は筆者に看板と星条旗を代わりに持って欲しいと頼んだ。

観光客らしき人が、「信仰の自由を支持」の看板と星条旗を持った筆者を写真に収めた。看板を見ると、不愉快な表情を浮かべて、無言のまま通り過ぎっていった歩行者もいた。建設反対派の支持者だろう。中高年の女性が、筆者から4、5メートルほどのところに来て、建設反対の看板を持って立ち止まった。まるで、挑戦状を叩きつけてきたようだった。それに対して、マットの仲間が筆者の横に立って、彼も建設に賛成であるというメッセージを歩行者に送ってくれた。マットは、25日間この体験をしていた。１枚の看板を持つことによって、こんなにも筆者に対する周囲の目が変わってしまった。

「一緒に反対派の様子を見に行かないか」

マットが誘ってくれた。

建設反対派の集会場に着くと、即座に目に付いたものがあった。反対派のリーダーたちや演説者が映っている大きなスクリーンであった。賛成派の集会にはなかった。

（どこからスクリーンの資金が出ているのだろうか）

そう思いながら、反対派の行動を観察した。

舞台に上がる反対派のリーダーたちは、全員白人であった。意外だったのは、集会の前方に立っている反対派は白人が中心であったが、後方はアフリカ系やヒスパニック系などがおり、人種や民族において多様性があった点である。しかし、その謎は、次の一言で解けた。

「やあ、マットじゃないか」

ある非白人の男性が、マットに声をかけて来た。

「君たちも来ていたのか」

マットが笑顔で答えた。

彼等は、建設賛成派であった。マットと筆者のように、賛成派が後方で、反対派の集会を観察していたのだ。ニューヨーク市民や観光客も見物に来ていたのかもしれない。反対派の集会の規模は、賛成派とは比較にならないほど小さかった。

「あれ見てよ」

突然、マットがスクリーンの傍にある大きな写真を見て言った。それは、01年の米同時多発テロの日に、世界貿易センタービルから落下していく男性を拡大した2枚の写真であった。テロの犠牲者である。

「犠牲者に敬意を払っていないのは、どっちだ」

マットは、語気を強めて語った。

「賛成派は、反対派を人種差別者とか偏狭者というラベルを貼って批判している。反対派は、イスラム教徒をテロリストというラベルを貼って攻撃をしている。これでは問題解決にはならない」

彼は、こう明言した。

マットが指摘するように、両者はラベルを貼り合い、ステレオタイプ（固定観念）で互いを観察し非難していた。もちろん反対派全員が、人種差別者や偏狭者ではない。同様に、すべてのイスラム教徒が、テロリストでもないことも明白である。にもかかわらず、双方が相手に対して固定的で、画一的な単純化したイメージを持っていた。反対派に関して言えば、穏健なイスラム教徒と過激派のイスラム教徒を、同じカテゴリーに入れて議論している点に問題があった。

マットは筆者に視線を合わせると、こう語った。

「第二次世界大戦で、米国が日系人を強制的に収容所に入れたのは、間違いだった。彼等は、愛国心のある米国人だった。今、米国は同じ過ちを犯している。９・11を理由にイスラム系を罰しているが、彼等も愛国心のある米国人だ」

マットは、続けてこう述べた。

「米国は、多様な知識で繁栄をしてきた国だ。反対派は、それを無くそうとしている。イスラム教徒をテロリストだと言って、彼等は、国民に恐怖心を与える戦術をとっている。米国は、国民に恐怖心を与えることではなく、彼等を鼓舞することで強くなった国だ」

マットは、米国に対して多様性の確保と、国民に対する鼓舞の重要性を忘れないで欲しいと願っていた。

「憲法が信仰の自由を認めている限り、反対派は何を言おうと議論に負けるだろう」

最後に、マットはそう言って自信を見せた。

コーヒーパーティーの役割

読者の皆さんは、コーヒーパーティーと聞いたら、どのような団体であると想像するだろうか。一般に、ティーパーティーに対抗する団体として捉えるだろう。失笑する方もいるかもしれない。ティーパーティーは、前回の中間選挙で保守派の候補を支援したので、コーヒーパーティーは、リベラル派の候補を推したと予想する方もいるだろう。しかし、これらの推測は、間違っていた。現場に足を運んで確認してみないと、分からないものだ。

コーヒーパーティーは、移民問題などのドキュメンタリーフィルムを作成する韓国系のアナベル・パーク（42）によって、10年1月に設立された団体である。08年の大統領選挙において、アナベルはバージニア州北部のフォールズ・チャーチにあったオバマ事務所で草の根運動員として働いていた。当時、彼女は日本の慰安婦問題に関心があり、そのドキュメンタリーフィルムを作成しようとしていた。周知の通り、慰安婦問題は日本の外交上、厄介な問題であった。同じ事務所に出入りしていた筆者は、それが理由で彼女との距離を保っていた。

アナベルは、10年9月24日から3日間、ケンタッキー州ルイヴィルのホテルで全国大会を開催した。同州は、2年前の大統領選挙で、オバマ候補がマケイン候補に敗れた州であり、前回の中間選挙ではティーパーティーに支援された自由至上主義者のランド・ポールが上院に立候補した州であった。そのケンタッキー州を開催地に選択した点に興味が湧き、出席することに決めた。

「モトオ、大会に登録してくれてありがとう。あなたが、最初に登録してくれた人なの」

大会開始の約2週間前に登録すると、即座に、アナベルから感謝のメールが届いた。それほど、登録者が少なかった。彼女は、マスコミ関係者に参加者の人数を300名と発表したが、最終日の全体会議で数えてみると、100名弱であった。コーヒーパーティーは、ティーパーティーと比較にならないほど、規模は小さい。

以下、大会で何について議論したのかについて紹介し、そのうえで、コーヒーパーティーの特徴を整理してみたい。

第1に、コーヒーパーティーは、ティーパーティーを敵視していなかった。コーヒーパーティーは、リベラル系の議員を支援しようとしたのではない。確かに、コーヒーパーティーの中にはティーパーティー系候補と対立するリベラル系候補の草の根運動に参加しているメンバーがいた。しかし、彼等の目的は、対話を通じて保守派とリベラル系の仲介役を務めることであった。

その第一歩として、アナベルは、ティーパーティー・エクスプレスのエミー・クレマー会長を大会の最終日に招待し、コーヒーパーティーのメンバーと協働して「共通目標」を作る作業を計画していた。クレマー会長は、アナベルの提案を受諾した。しかし、残念なことに、テネシー州ナシュビルで食あたりに遭い、出席できないという連絡がクレマーから入った。

だが、コーヒーパーティーは、あるメンバーをファシリテーター（促進者）にして、参加者に議論を促し、ティーパーティーとの共通目標を探った。コーヒーパーティーの幹部は、本当の敵はティーパーティーではなく、政治に影響を及ぼしている企業献金であると主張した。参加者から、「企業献金の影響力を減らし、有権者の声をもっと政治に反映させるべきだ」と意見が出た時、一斉に拍手が起こった。また、参加者から、財政再建がティーパーティーとの共通目標になるという意見が出た。

しかし、コーヒーパーティーはティーパーティーに関して、一枚岩ではなかった。ケンタッキー州ボーリング・グリーンから参加したメンバーの一人が、筆者にこう語りかけてきた。ボーリング・グリーンは、ティーパーティーに支援され上院に立候補しているランド・ポールの地盤である。

「コーヒーパーティーのメンバーは、10人しかいないのに、ティーパーティーは少なくとも200人はいるの。ランド・ポールには勝てないわ」

民主党系候補の草の根運動に入っている彼女は、明らかにティーパーティーを敵とみなしていた。

第2に、コーヒーパーティーは、相手に敬意を払わずに非難するという敵対的な雰囲気がある米国社会に対して懸念を抱いていた。嫌悪感や憎しみに満ちた社会ではなく、相互依存型の社会に変革ができないのかについて議論をした。偏見があると、争点について冷静な対話が困難になると指摘したうえで、アナベルは相手に敬意を持って意見やアイデアを交換することが不可欠だと議論した。まさに、イスラムセンター建設賛成派と反対派にそのような対話が求められていた。あるメンバーが、建設反対派はイスラム教徒が計画しているイスラムセンターを「勝利のモスク」と呼んでいるが、なぜキリスト教徒の教会を「勝利の教会」と言わないのかと疑問を呈した。

第3に、コーヒーパーティーのミッション（使命）が明確でなかった。そこで、ミッションを明確化をしようと議論をした。ここでも、コーヒーパーティーは、会議におけるファシリテーション（促進）のスキルを活用した。メンバーの一人がファシリテーター役になり、全員にポストイットを配った。彼は、1枚のポストイットに1つの意見やアイデアを書いた後で、それらを壁面に貼り、分類するように指示を出した。

あるメンバーが、コーヒーパーティーが監視役になることを提案した。国民の恐怖心を煽ったり、噂を流して誘導する戦術により、米国社会を分断する者が存在するからである。筆者はそのミッションに賛成であったが、ティーパーティーの手法を批判しているように聞こえた。ミッションに関しては、継続して議論を行うことになった。

次に、コーヒーパーティーの特徴を、スワット分析を用いて整理してみよう（図表1）。

コーヒーパーティーの「強み」は、異なった価値観や思考様式に対する寛容さである。それが無くなりつつある米国社会において、

図表1　コーヒーパーティーの特徴

強み（Strength） ・寛容さ ・積極的傾聴	弱み（(Weakness) ・参加者の不足 ・資金力
機会（Opportunity） ・相互依存型社会の実現	脅威（Threat） ・恐怖心を使った戦術 ・歪めたメッセージ ・企業献金

彼等には相手の意見を傾聴するという姿勢が観察された。一方で、アナベル自身が指摘していたように、資金力の不足は、コーヒーパーティーの「弱み」であった。これを補うために、11年から年会費を徴収するようになった。規模に関して言えば、全国にメンバーが存在するとはいえ、ティーパーティーと比べるとかなり見劣りすると言わざるを得ない。コーヒーパーティーにとって、恐怖心を煽る戦術や、国民を混乱させる情報は「脅威」であった。米国社会の分断と対立を深めるからである。大会に参加したメンバーの発言にあったように、政治に影響を及ぼす企業献金も脅威であった。コーヒーパーティーのメンバーは、米国社会を対立型から相互依存型に変える「機会」を探っていた。

上で、マットとアナベルの2人の草の根運動員を紹介した。彼等は、社会の分断の原因は、コミュニケーションの質にあると捉えていた。理性が欠如した対話は、分断を一層進め、社会の統一に対する阻害要因となる。それに対して、理性に基づいた対話は、促進要因となる。コミュニケーションの質の向上なしには、分断から統一への変革は起こらない。2人は、そのことを十二分に把握していた。

「米国のイスラム教徒の急進化」に関する公聴会

11年3月10日、米下院国土安全保障委員会で、ピーター・キング委員長（共和党・ニューヨーク州）が、「米国のイスラム教徒の急進化」をテーマにした公聴会を開催した。第2次世界大戦時に強制収容された経験のある日系人は、キング委員長がイスラム教徒を狙い撃ちにしているとし、イスラム教徒側を支援した。その中には、マイク・ホンダ連邦下院議員（民主党・カリフォルニア州）や日系人市民グループがあった。

筆者は、約4時間にわたるこの公聴会を全て傍聴した。昨年（10年）開催されたトヨタ公聴会と同様、会場の前には早朝から長蛇の列ができていたが、トヨタ関係者に代行して列を作った「並び屋」の姿は見かけなかった。並び屋に関しては、拙著『トヨタ公聴会から学ぶ異文化コミュニケーション』（同友館）の1章と2章を参考にして頂きたい。

筆者の前に、自転車競技選手のような格好をした女性が立っていた。筆者が話しかけても、彼女は積極的にコミュニケーションを図ろうとはしなかった。公聴会開始1時間前になると、2人組の男性が現れ、彼女と入れ代った。彼女は、筆者がこの公聴会で初めて観察した並び屋だった。1人の並び屋と交代して2人が列に加わるのは不公平であると思った筆者は、自分のスポットだと主張した。彼等は要求に対して紳士的な態度をとり、自分たちの非を即座に認め、筆者の後ろに並んだ。
イラク戦争やアフガニスタン戦争等に関する公聴会の傍聴席に座り、政府に対して抗議運動を行う団体「コードピンク」の創設者メディア・ベンジャミンが、列に並んでいた。ピンク色のTシャツを着たベンジャミンが、コードピンクは02年にイラク戦争を阻止するために設立された団体であると筆者に説明をしてくれた。メンバーはピンク色の衣装を身にまとって、平和運動を展開した。ベンジャミンによれば、約18万人が登録しており、うち約3万人が実際に活動をしていると言う。

「日本にもコードピンクがあるのよ」

ベンジャミンからコードピンク・ジャパンの存在を知った。
「キング下院議員は、偏狭頑迷な人物」「イスラム教徒を悪鬼のように扱うのは止めろ」と書いた2枚のピンク色の小さな看板を、彼女は隠し持っていた。もちろん、会場内に看板を持ち込むことはできない。公聴会では報道カメラマン以外の撮影は、許されていない。彼女は、議会警察官の警戒の目を潜って、キング委員長に対する抗議のメッセージを書いた2枚の看板を会場内に持ち込もうと考えていた。

さて、会場の外で、２人のイスラム教徒にヒアリングを行ったので、彼女らの声を紹介しよう。

ローリー・ジャグリット（50）

ヒジャーブ（イスラム教徒の女性が用いる顔を隠すベール）をかぶった長身のジャグリットは、リラックスした雰囲気でコノリー下院議員の選挙区であるバージニア州フェアファクス群に住んでいると語った。10年の中間選挙では、彼女はコノリーに投票をしたと言う。

「メディアが、イスラム教徒のイメージを低下させたと思います。米国民は、イスラム教徒をテロリストだと思っています」

ジャグリットは、メディアが平和志向のイスラム教とはかけ離れたイメージを作っていることに不満を示した。

「この公聴会は、マッカーシー主義的なものです。イスラム教徒は社会に貢献しているのです」

キング委員長が呼びかけた公聴会は、イスラム教徒にとって公平ではないと、彼女は非難した。

サラミ・フセイン（56）

パレスチナ出身のフセインは、首都ワシントンの近郊にあるメリーランド州からこの公聴会を傍聴するために駆け付けた。ジャグリットとは対照的で、ヒジャーブをかぶったフセインの表情は硬かった。

「嫌悪感に基づいたイスラム教徒を狙った犯罪を大変心配しています。私の家族は、いつ反イスラム教徒から襲われるのか分かりません。恐怖心を抱いています。警察は、真剣にその問題に取り組んでくれません。この公聴会は、イスラム教徒に対する暴力や嫌悪感を一層強めることになるでしょう」

テキサス州での銃乱射事件やニューヨーク市のタイムズスクウエアでのテロ爆破未遂事件など、イスラム教徒による事件が相次いで発生する中で、非イスラム教徒は、自分たちがテロに遭遇するのではないのかと警戒し、脅威を感じていた。一方、フセインの発言にみることができるように、イスラム教徒は非イスラム教徒に対して恐怖心があった。つまり、非イスラム教徒とイスラム教徒の双方が、互いに恐怖心と不信感を抱き合っていたのである。

「あなたの後ろに立っているあの男性は、パレスチナ人の間でとても人気のあるコメディアンです」

フセインは、筆者にスポットを譲った例の2人組の男性のうちの1人を見ながらそう語った。彼の名前は、ディーン・オベイダラ、38歳。アラブ系のコメディアンであった。アラブを題材にして、彼はCNNやフォックス・ニュース、米国で非常に人気の高いオプラ・ウィンフリーのトーク番組などに登場していた。日本で放送されている衛星放送の「世界のドキュメンタリー」でも紹介されていた。

「ネタを探しに、公聴会に来たんだ」

彼はそう言いながら、名刺を出した。青色の背景に橙色、黄色、緑色、肌色の照明が、彼の名前を照らしているというユニークな名刺であった。

「ユーモアは、異文化に橋を架けるので重要ですね」

筆者がこう語るとそれに賛成してくれた。

公聴会開始の午前9時30分になった。米下院国土安全保障委員会のスタッフの指示に従って会場内に入り、傍聴席に座ろうとすると、ベンジャミンが筆者に席を代わって欲しいと依頼してきた。彼女は、前列の通路側の傍聴席を望んでいた。報道カメラマンに抗議メッセージを書いた看板を掲げる姿を撮影してもらうには、最適の位置であった。筆者は彼女に席を譲り、右隣りに座った。

ベンジャミンは席に着くと、即座にピンク色のTシャツを脱ぎ始めた。その下に、黒字で抗議のメッセージを書いた白色のTシャツをもう一枚着ていた。次に、例の2枚のピンク色の看板を出した。その瞬間、狙っていたかのように斜め後ろの傍聴席に座っていた白人の女性が、そのうちの1枚を取り上げた。

「親切な人が、この公聴会にいるのね」

ベンジャミンは、皮肉を込めて反コードピンクの傍聴人をこう表現した。

筆者の右側に座っていたインド系イスラム教徒のジャーナリストの女性も、偶然だがピンク色の衣装を身につけていた。ベンジャミンとこの女性に挟まれて着席していた筆者は、自分までもが周囲からコードピンクの一味として観察されているのだろうかと思うと、落ち着かなかった。

米連邦議会で2人しかいないイスラム系議員のうちの1人であり、公聴会の証人でもあるキース・エリソン連邦下院議員（民主党・ミネソタ州）が、着席している筆者に感謝の言葉を投げかけた。筆者が普段からつけている日米の国旗のバッジを見て、日系市民グループのメンバーだと思ったのだろう。

「イスラム教徒を支持してくれて、ありがとう」

エリソン議員はこう語った。

キング委員長は、冒頭の声明で、「テロの脅威は現実であり、深刻である」と述べた後、18歳から29歳までのイスラム教徒の若者層のうち15％が自爆テロを支持していると指摘した。また、キング委員長は、アルカイダがイスラム系の若者を標的にして積極的にリクルート活動を行っていることに対して警戒しなければならないと主張し、自分が開催した公聴会の意義を強調した。

一方、エリソン下院議員は、白人至高の秘密結社であるクークラックスクランやオクラホマシティの連邦政府ビル爆破事件などを取り上げ、それらに対して連邦議会が民族、人種、宗教に焦点を当てた公聴会を開催したことがあったのか問いかけた。今回の公聴会がイスラム教徒を標的にしている点で、公平ではないというメッセージをエリソン議員は送ったのだ。そのうえで、彼は、「ステレオタイプよりも事実を語ろう」と述べた。米国人には、「イスラム教徒イコールテロリスト」という固定観念が存在するからである。

エリソン議員は、そうした固定観念を打ち砕くため、イスラム系擁護につながる3つの事実を挙げた。第1に、イスラム系が暴力を否定していること、第2に、警察官に協力的であること、第3に、デューク大学の研究結果を持ち出し、イスラム系社会の援助により、これまでに国内におけるテロ計画の40％を防ぐことができたことを証言した。

さらに、彼は、世界貿易センタービルで29名のイスラム系が犠牲になった事実を挙げ、イスラム教徒も被害者であり米国民であると訴えた。証言の最後に、エリソン議員は、米同時多発テロの犠牲となった23歳のイスラム教徒の医療技術者について涙を流しながら語った。彼は、被害者救出のために自分の命を犠牲にした勇敢な若者であったが、イスラム系であったために、９・11の犯人と結託したのではないのかとの憶測を招いたという。最後に、エリソン議員は、彼はイスラム教徒ではなく、米国民のためにすべてを捧げた米国人としてみなされるべきであると証言をして締めくくった。

　証言の最中に、冷やかな表情を浮かべ、エリソン議員から視線をそらすキング委員長を、筆者は観察した。

(早く証言を終えてくれ)

　そうとでも言いたそうな委員長であった。

　感情が入ったエリソン議員の証言とは異なり、フランク・ウォルフ連邦下院議員（共和党・バージニア州）は、米国社会におけるイスラム教徒の過激化は、国家に対する挑戦であると淡々と述べた。強硬派のウォルフ議員は、国内におけるイスラム教徒の急進化に対する分析を目的として、「チームＢ」の形成を提案した。チームＢとは、冷戦時代に米国がＣＩＡ（中央情報局）のスタッフではなく、旧ソ連に対する分析を新鮮な目で行うために結成した外部の専門家から構成されたチームである。米国のイスラム教徒に対しても、同様の分析チームが必要であると彼は訴えた。１９８０年代の日米貿易摩擦の際にも、当時修正主義者《レビジョニスト》と言われたケビン・カーンズは、対日政策の見直しを図るために、チームBの形成を提案したことがあった。

公聴会の緊張をさらに高めたのは、同委員会の委員であるアフリカ系のシーラ・ジャクソン・リー連邦下院議員（民主党・テキサス州）であった。彼女は、怒りを全面に出しながら、米憲法の小冊子を片手に信仰の自由が保障されていると訴え、イスラム教徒をターゲットにした公聴会に疑問を呈した。イスラム教徒を巡り米国社会が分断し対立しているように、委員会も分裂し衝突を起こしていた。

後日、エリソン議員がインタビューに応じてくれた。まず、彼はある特定の民族や人種を狙い撃ちした公聴会は、公平ではないと語った。さらに、米国は、第2次世界大戦において日系人を収容所に入れたのと同じミスを犯そうとしていると主張した。これは、マットの議論と同様であった。エリソン議員は、指を折りながら4人の日系の下院議員の名前を挙げてこう語った。

「ハヤブサ、ヒロノ、ホンダ、チューの4人の日系の議員が（米国社会におけるイスラム教徒の急進化に関する）公聴会に反対しています」

エリソン議員は、マツイを挙げずに間違ってチューと言ったが、いずれにせよ日系議員がイスラム教徒を支援していることを強調した。ティーパーティーについても、エリソン議員は感想を述べた。

「ティーパーティーの支持者は、心をもっと広く持つ必要があります。『我々（ティーパーティーの仲間）対彼等（イスラム教徒）』という見方をする傾向があります。イスラム教徒に対して恐怖心を持っており、敵意のある態度をとります」

エリソン議員はそう語って、ティーパーティーの支持者の思考様式やステレオタイプに問題があることを指摘した。

キング委員長が開催したイスラム教徒の急進化に関する公聴会について、中東の衛星テレビ局アルジャジーラのワシントン支局長、アブデラヒム・フカラにもインタビューを行った。モロッコ人の彼も、この公聴会に注目をしていた。

「キング下院議員は、２０１２年の大統領選挙を視野に入れて、公聴会を開いたのです。失業率が改善されてきたので、共和党は経済問題を争点にしても来年の選挙には勝てません。

そこで、オバマ大統領とイスラム教の問題に焦点を当ててきたのです」

これまでにもティーパーティーの活動家や共和党は、オバマ大統領がイスラム教徒であると主張して、有権者を混乱させてきた。フカラは、ティーパーティーと共和党によるオバマ大統領とイスラム教徒との関連づけ戦略は、12年の選挙に向かってより強化されるとだろうとみていた。

「有権者が、オバマ大統領はイスラム教徒であると認識すれば、たとえそれが間違っていても〝事実〟になってしまうのです」

フカラは、ティーパーティーの意図を読んでいた。同時に、その危険性も理解していた。

「公聴会の冒頭で、アフリカ系のリー下院議員が、キング委員長に激怒して抗議をしました。イスラム系のエリソン議員は、9・11で犠牲になったイスラム教徒について証言をしました。急進派になったヒスパニック系の息子についての証言もありました。この公聴会は、少数派を標的にしたという印象を有権者に与えたでしょう。キング委員長は、彼の目標を達成できなかったと思います」

フカラはそう分析した。

さらに、フカラは、米国の反イスラム派がイスラム法を禁止しようとする動きに強い不快感を示した。

これらの意見に対して、キング委員長が開催した公聴会を公平であると主張するティーパーティーの支持者キース・ブルックス（50）は、次のように語った。

「イスラム系は、米国に移民をしてきたのです。しかし、彼等は米国の憲法や慣習に従うのではなく、イスラム法を優先させています。イスラム法には、男女の平等がありません。彼等は米国に対してではなく、イスラムにアイデンティティを持ち、忠誠心があるのです。私たちと彼等は共有するところがありません。メキシコからの移民も同じです。彼等も米国に忠誠心がないのです」

ブルックスの意見は、反イスラムや反移民の立場をとる有権者の心境を物語っていた。

今年で米同時多発テロが発生してから、10周年を迎える。イスラム教徒を巡る問題は、12

年のオバマ再選選挙を控え、さらに政治化されていくだろう。米国社会の分断状態は、いつまで続くのだろうか。

まとめと展望

キング牧師の「私には夢がある」のスピーチがなされてから47周年目の2010年8月28日。リンカーン記念堂前（ワシントン）をティーパーティーの支持者に“占拠”されために、別の集会場へ向かう同牧師とオバマ大統領の支持者。分断された米国社会を反映していた

08年の米大統領選挙でバージニア州北部の有権者を訪問した時は、オバマ候補（当時）が人種、民族、宗教における融合を図ってくれるだろうという期待の声を多く聞いた。ところが、2年前に行われた10年の中間選挙では、有権者からそのような声を耳にすることは一切なかった。逆に「分断」や「怒り」といった負の面のみが目立った。オバマは、「一つのアメリカ」を主張したが、彼が大統領に就任して以来、米国社会における分断は一層進んでいた。

分断した社会や組織には、両者の関係を構築するファシリテーター（促進者）が必要になる。ファシリテーターの役割は、異なったものの見方や考え方をする両者が意見やアイデアを共有し、協働しながら、「共通目的」「共通利益」「共通価値」を創造できるように促進することである。このようなスキルを備えたファシリテーターが不可欠だ。

ファシリテーターは、対立する当事者に「人と問題を切り離す」というルールを守らせる。中間選挙やイスラムセンター建設に関するヒアリングの調査結果をみれば分かるように、人格や性格を攻撃するコミュニケーションは溝を深めるだけだ。ティーパーティーとリベラル派、イスラムセンター建設賛成派と反対派の対立は、同じ米国人でありながら、まるで異文化間の衝突であった。共通目的や共通利益の創造の促進役、すなわち、異文化ファシリテーターは、今後ますます注目されるだろう。

東京に進出している外資系企業に勤務している上海出身のリスク・マネジメントのアナリ

ストが、衝突や対立といったコンフリクトが生じた時にとる対処法の一つに、「相手を快適にさせ意思を弱め、強く主張させないようにする」方法があると、ヒアリング調査の中で筆者に語ったことがあった。彼女によれば、棒で糊を混ぜるように、相手を上手に変えていくのが、効果的なコンフリクトの対処法であると言う。

11年の一般教書の中で、オバマ大統領は、中間選挙で大幅に議席を伸ばした野党共和党の議員やティーパーティー系の議員が耳にしたいであろう言葉を選択した。「財政支出の伸びの5年間の凍結」「法人税の引き下げ」。それらは、彼等にとって心地よく聞こえたことだろう。12年の再選選挙まで、約20カ月を切った。その間に実績を残さなければならないオバマ大統領は、議会との衝突をうまくマネジメントしながら自分にとって最も良い形で妥協をしたいはずだ。11年の内政と外交の指針を国民に示すオバマ大統領の一般教書は、彼の今年の議会とのコンフリクトの対処法を示唆しているように筆者には聞こえた。

ちなみに、一般教書後の同年2月7日にワシントンの米商工会議所での演説の中で、反ビジネスと敵視されているオバマ大統領は、約30分の間に「投資」という言葉を21回、「イノベーション」と「競争力」をそれぞれ10回用いている。これらの言葉は、財界を快適にさせたことだろう。

そのようなコンフリクトの対処法を用いながらも、オバマ大統領は、妥協や譲歩を通じてできた実績は議会によるものではなく、自分のリーダーシップの下で成し得たという演出をするはずだ。第4章で述べたが、有権者が、大統領の意図通りに認識すれば、支持率は上がるかもしれない。そうなれば、「妥協の11年」が、再選の選挙を有利な展開に導く可能性が出てくる。

だが、社会の分断という視点でみた場合、楽観視できない。12年のオバマ再選選挙で、共和党やティーパーティー系の候補が、人種や民族の価値観や思考様式の相違に訴える方法を用いて有権者の恐怖心や危機感を煽り、国民を混乱させる情報を流す戦略をとれば、さらに分断は進むからである。そうなった場合、オバマ大統領は、どのようにして「一つの米国」を実現するのだろうか。彼は、社会における一体感を醸成できるのだろうか。次の大統領選挙では、分断された米国社会がどのように変容していくのかにも、注目していきたい。

参考文献

- クレイグ・マクガーティ、ビンセント・Y・イゼルビット、ラッセル・スピアーズ（2007）国広陽子監修、有馬明恵、山下玲子監訳『ステレオタイプとは何か』明石書店
- Army, D., & Kibbe, M. (2010). *Give us liberty: A Tea Party manifesto.* New York: HarperCollins Publishers.
- Green, D. P., & Gerber, A. S. (2004). *Get out the vote!: How to increase voter turnout.* Washington, D.C.: Brookings Institute.
- Tea Party Trends. *AEI Political Report.* 6(9), October, 2010.
- Rand, A. (1957). *Atlas shrugged.* New York: Signet.
- Rasmussen, S., & Schoen, D. (2010). *Mad as hell: How the Tea Party movement is fundamentally remaking our two-party system.* New York: HarperCollins Publishers.
- Rauch, J. Group Think. *National Journal.* September 11, 2010, 12-17.
- Zernike, K. (2010). *Boling mad: Inside the Tea Party America.* New York: Times Books.

筆者紹介

海野素央（うんの　もとお）

明治大学政治経済学部教授。心理学博士。アメリカン大学（ワシントンDC）異文化マネジメント研究所客員研究員（08~10)。全てのトヨタ公聴会を傍聴。米国アリゾナ州で米軍を対象にトヨタ公聴会を事例にして異文化衝突の対処法を講義（10~11)。10年米中間選挙において、ジェリー・コノリー下院議員（民主党・バージニア州第11選挙区）の草の根運動に参加。同時に、オバマ大統領の草の根運動の本部「オーガナイジング・フォー・アメリカ（OFA)」でボランティアとして活動。08年米大統領選挙では、激戦州バージニア州でオバマ草の根運動員として、戸別訪問を実施。

専門：異文化間コミュニケーション論
　　異文化ビジネス論
　　産業・組織心理学

著書：『トヨタ公聴会から学ぶ異文化コミュニケーション』（同友館 ,2011）
　　『日本人だけが知らないアメリカがオバマを選んだ本当の理由―オバマ草の根運動』（同友館 , 2009）
　　『アジア地域と日系企業―インド・中国進出を考える企業への提言』（同友館 , 2008）
　　『組織文化のイノベーション―組織DNA浸透のための15の戦略』（同文舘 , 2006）
　　『合併企業のモチベーション管理―組織文化の繭をどう打破するか』（中央経済社 , 2005）
　　『異文化コラボレーターの仕事―合併はなぜうまくいかないのか』（中央経済社 , 2004）
　　『異文化ビジネスハンドブック―事例と対処法』（学文社 , 2002）
　　『合併企業と「異文化」―企業文化の衝突』（共著 , 学文社 , 2002）
　　『ネットワーク社会の経営学』（共著 , 白桃書房 , 2002）
　　『日本人の社会心理学―けじめ・分別の論理』（共著 , 人間の科学社 , 1998）

論文：「オバマ草の根VS. ティーパーティー」『現代の理論』明石書店2011年4月号 , 1-10.
　　Unno, M. (2010). The Toyota congressional hearings: A cross-cultural conflict situation. *Intercultural Management Quarterly.* 11(3), 8-11.
　　Unno, M. (2009). Contrasts in leadership: Monocultural overseas Japanese managers and the multicultural Barack Obama. *Intercultural Management Quarterly.* 10(3), 3-6, 15.
　　Unno, M. (2008). Japan and the U.S. in the workplace. *Intercultural Management Quarterly.* 9(3), 15-18などがある。

2011年6月27日　初版第一刷発行

オバマ＋コノリー vs ティーパーティー

©著　者　　海　野　素　央
発行者　　脇　坂　康　弘

発行所　株式会社 同友館
〒113-0033 東京都文京区本郷 6-16-2
TEL 03(3813)3966　FAX 03(3818)2774
http://www.doyukan.co.jp/

乱丁・落丁はお取り替えいたします
●印刷　萩原印刷　●製本　松村製本所
ISBN 978-4-496-04801-2
Printed in Japan

本書の内容を無断で複写・複製（コピー）、引用することは、特定の場合を除き、著作者・出版社の権利侵害となります。